新装版

読めますか？ 小学校で習った漢字

守誠・著

本書は、２０２０年３月31日まで使用されていた小学校配当漢字１００６字の組み合わせで構成しています。慣用的な読み方や日常生活ではあまり使わない表現も含まれていますので、知的なクイズ感覚でお楽しみください。

扶桑社

はじめに～大人のための小学漢字

最初に断っておきたいことがあります。

本書の中で「小学漢字」というのは、小学生時代に習う文字、つまり「小学校配当漢字」のことを表しています。

例えば、小学一年生のときは、八〇字を習得するように言われます。「一」「右」「雨」と音読みの五十音順で始まって、「耳」や「車」や「手」や「中」などがあり、「力」「林」「六」で終わっています。これらの小学漢字を上手に組み合わせて、様々な言葉が生み出されます。「手」と「中」をあわせると「『手中』におさめる」の「手中」という言葉が生まれます。また、「一」と「手」を組み合わせて「『一手』に引き受ける」「『一手』販売」の「一手」という言葉が生まれます。

このように見ていきますと、小学六年生までに習う小学漢字を上手に組み合わせますと、果てしなく言葉が湧き出てくるのです。難解な文字を使って、漢字表現を楽しむのも否定するものではありませんが、強調したいのは、小学校時代に習った文字の驚くべき底力をぜひ味わっていただきたいということです。

これまで私は、漢字の本については、大人向けのものを一冊と小学一年生向けのものを一冊しか書いたことがありません。書籍は何十冊も書きましたが、今回は漢字、それも小学漢字に自らがのめりこんでいく不思議な感覚があります。

私達は日常、どこでいちばん漢字に接しているかと言えば、一つは新聞の中か雑誌の中です。それに、インターネット上です。でも、私の場合は、新聞が中心です。

漢字の常識を問われれば、新聞漢字をきちんと読めることが、日本人として最低線の常識だと考えています。これまで学生にも新聞を読め、読めと口をすっぱくして言ってきました。漢字の知識がパソコンという便利な機器で破壊されてから久しいです。

「漢字を取り戻せ！」

その手段の一つとして、誰もが見慣れた小学漢字を土台にして生み出される言葉を武器に、漢字の世界を一緒に冒険したいものです。

守　誠（もり・まこと）

二〇二一年七月

もくじ

読めますか？　小学校で習った漢字

第5章 どこまで読めますか?――127

この本で取り上げた漢字について

・この本の出題は、２０２０年3月31日まで使用されていた文部科学省の学習指導要領に示された小学校の「学年別漢字配当表」にある１００６字を使用して構成しています。

・ただし、読み方には常用漢字表やその付表に掲載されていない、慣用的な読みが多数含まれています。日常的にはあまり使わない言葉や表現も出題しています。ぜひ、クイズ感覚でどれくらい読めるかを楽しんでください。また、ご家族やお知り合いと出題しあってお楽しみください。

・人名や歴史的な事物など本来旧字や異体字によって表記されているものも、常用漢字表に従った表記に置き換えて出題しています。

・専門用語や伝統的な表現などに関しては、地域や流派などで表現の異なる場合もあります。なるべく一般的な表記を採用するように心がけました。

・表記に関しては複数の辞書・辞典類を参考にしていますが、辞書・辞典類に掲載された表現・表記・送りがななどと一致しないものもあることをご了承ください。

この本で用いた記号・用語の説明

太字……出題の意図した読み方
★………言葉の意味
◆………用例、参考例

※「〜は別の意味」は、主に別の意味に用いられることの多い読み方を示します。同じ意味に用いられる場合もあります。
※「〜とも読む」は古い読み方や、誤読から定着した慣例読み等も含みます。
※「〜とも書く」のほうが、日常よく用いられる表記である場合もあります。

第1章

読めますか？

入門編

小学校で習った漢字でも
読み方は意外に難しい

入門編

独楽
土筆
河童
氷柱

夏至
覚束無い
長万部
北海道の地名
浅傷

形相
相殺
大童
案山子

二束三文
飲茶
雑魚
飛耳長目

こま
★円形の胴に心棒を通し、手やひもで回して遊ぶおもちゃ。どくらくは別の意味。

げし
★二十四節気の一つで、六月二一日ごろ。北半球では昼が最も長い日。
⇅冬至

ぎょうそう
★顔つき。特に激しい感情の表れた表情をさす。けいそうは別の意味。◆鬼のような〜。

にそくさんもん
★たくさんあって安いこと。価値の低い物。二足三文とも書く。◆閉店セールで何でも〜だ。

つくし
★スギナの胞子茎。早春に出る。筆の形をしていて食用。どひつとも読む。

おぼつかない
★頼りない。はっきりしない。うまくいきそうもない。
◆足もとが〜。

そうさい
★互いに消し合ったり差し引いたりしてゼロになること。そうさつとも読む。◆貸し借りを〜する。

ヤムチャ
★中国料理で、点心と呼ばれる軽い食事をとりながら茶を飲むこと。

かっぱ
★水陸両生の想像上の動物。水を蓄えた頭上の皿とこうらが特徴。

おしゃまんべ
★北海道の南西部の町。漁業や酪農業が盛ん。

おおわらわ
★なりふり構わず夢中になるさま。乱れ髪で奮戦するさまが童のようだから。

ざこ
★いろいろな種類の小魚。転じて小人物。じゃことも読む。

つらら
★軒下などに棒状に垂れ下がった氷の柱。垂氷(たるひ)ともいう。ひょうちゅうとも読む。

あさで
★軽いけが。浅い傷。浅手とも書く。薄手(うすで)ともいう。
⇅深傷(ふかで)

かかし
★鳥獣を追い払うために田畑に立てた人形。鹿驚とも書く。かがしとも読む。

ひじちょうもく
★遠くのことをよく見聞きする目と耳の意味から、観察が鋭いこと。転じて、書物のこと。

入門編

便乗

薬玉

運動会でおなじみの…

欠片

店賃

布団

塩梅

天晴

金科玉条

十二単

談論風発

野点

曲者

口分田

会得

一家言

相応しい

「そうおうしい」ではなく…

びんじょう
★機会をとらえ、巧みに利用すること。
◆～値上げ。ブームに～する。

ふとん
★はぎ合わせた布の中に綿や羽毛を入れた寝具。蒲団とも書く。

じゅうにひとえ
★平安以降の、宮廷の女性の正装用の衣服。シソ科の植物の名称でもある。

くぶんでん
★大化の改新後、班田収授法により人民に支給された田。

くすだま
★造花などで作った飾り物の玉。運動会や式典、祝い事などに用いる。

あんばい
★料理の味加減。または、物事の具合、様子のこと。えんばいとも読む。
◆いい～に席が空いた。

だんろんふうはつ
★活発に議論すること。
◆会議は～、予定時刻を過ぎても続いた。

えとく
★物事を十分に理解して、自分のものにすること。
◆手話を～する。

かけら
★何かが欠けてできた断片。わずかなもののたとえ。
◆良心の～もない。

あっぱれ
★素晴らしい。見事だ。アハレの音が変化したもの。
◆敵ながら～だ。

のだて
★野外で茶をたてること。野外のお茶会。野掛(のがけ)ともいう。

いっかげん
★その人独特の意見。
◆政治には～を持っている。

たなちん
★家賃。店(たな)には、貸家、借家という意味がある。

きんかぎょくじょう
★最も大切なきまりや法律。
◆祖父の教えを～とする。

くせもの
★不審者、怪しい人。油断ならない者。やり手。
◆相手の打者は～だ。

ふさわしい
★つりあっている。似合っている。
◆中学生に～服装。

入門編

浴衣

弓手

四万十川

高知県の川

絵空事

刀豆

側用人

今昔

血眼

予め

十八番

得意な芸のことです

何卒

自業自得

殺生

百日紅

陸でなし

風情

ゆかた
★木綿で仕立てたひとえの着物。湯上がりや夏のふだんに着る。よくいとも読む。

なたまめ
★マメ科の蔓性の一年草。なたまめ茶や福神漬けに使う。鉈豆とも書く。

あらかじめ
★前もって。事の起こる前にしておくさま。
◆〜知らせておく。

せっしょう
★命あるものを殺すこと。むごいこと。
◆無益な〜はやめる。

ゆんで
★弓を持つほうの手から、左手や左の方を意味する。左手とも書く。
⇅馬手（めて）

そばようにん
★江戸幕府の職名。老中の次位で、将軍と老中との間を取りつぐ役。

おはこ
★得意とする芸。御箱とも書く。箱に入れて大切にするという意味から。じゅうはちばんとも読む。

さるすべり
★夏、紅や白などの花が咲く落葉中高木。すべすべした樹皮が特徴。ひゃくじつこうとも読む。

しまんとがわ
★高知県の西部を流れる川。本流にダムがない。清流として有名。

こんじゃく
★今と昔。古今。こんせきとも読む。◆街並の変化に〜の感を強くした。

なにとぞ
★何とかして。また、相手に強く願う気持ち。
◆〜よろしく。

ろくでなし
★のらくらしていて、何の役にも立たない者。碌でなしとも書く。

えそらごと
★美化、誇張される絵のように、現実にはありえないこと。
◆〜を言う。

ちまなこ
★逆上し血走った目。必死になって、努力すること。ちめとも読む。

じごうじとく
★自分の行動の報いを自分で受けること。
◆けがをしたのは〜だ。

ふぜい
★情緒。味わい。風雅の趣。ふうじょうとも読む。
◆〜のある庭。

入門編

気質　一家相伝　愛敬　無花果

行方　焼売　水海道（茨城県の地名）　時鳥

茶飯事　寄席　緑青　正念場

土産　目深　好事家　無下に

かたぎ

★ある身分、職業、環境の人に見られる特有の気性、性質。きしつとも読む。◆職人〜。昔〜。

ゆくえ

★行くべき方向。行った先。未来や将来。行衛とも書く。

◆〜が分からない。

さはんじ

★日常ありふれたこと。

◆こんなことは、日常〜だ。

みやげ

★旅先や外出先で求め、家や知人に持ち帰る物。どさん、とさんとも読む。

いっかそうでん

★技術や芸能などが、家に代々伝わっていること。

◆〜の製法。

シューマイ

★ひき肉、ネギ、ニンニク等に味をつけ、小麦粉の皮に包んで蒸した点心。

よせ

★落語や漫才などの大衆芸能を興行する演芸場。よせせきの略。

まぶか

★帽子などを目が隠れるくらい深くかぶるさま。めぶかとも読む。

◆帽子を〜にかぶる。

あいきょう

★愛らしくかわいいこと。人を喜ばせるような振舞い。あいぎょうとも読む。◆〜を振りまく。

みつかいどう

★茨城県の鬼怒川流域にあった市。二〇〇六年常総市に改称。

ろくしょう

★銅の表面にできる緑色のさび。顔料に用いられる。銅青(どうせい)ともいう。

こうずか

★一般の趣味と異なる、物好きな人。または、風流を愛する人。

◆〜向きの品。

いちじく

★果実は食用や薬用にする。花が外から見えないことから。映日果とも書く。むかかとも読む。

ほととぎす

★尾羽が長く、鳴き声は「テッペンカケタカ」。子規、不如帰とも書く。

しょうねんば

★歌舞伎などの最も重要な見せ場。また、人が実力を問われる大事な場面。

むげに

★すげなく。容赦なく。そっけなく扱うさま。

◆〜断れない。

入門編

流石　清清しい　絵馬　士気色

明後日　都度　総角　直火

伝馬船　水母　美作　発起人

岡山県の地名

在原業平　工面　愛弟子　不味い

さすが

★評判や期待どおりで、感心するさま。

◆この問題が解けるなんて～だ。

あさって

★明日の次の日。みょうごにちとも読む。

てんません

★木造の小型船。本船と岸とを往復して、荷物の積み降ろしを行う。てんまぶねとも読む。

ありわらのなりひら

★平安前期の歌人。六歌仙・三十六歌仙の一人。情熱的で詠嘆の強い歌が特徴。

すがすがしい

★心地よくさわやかで、気持ちがよい。

◆～朝だ。

つど

★毎回。そのたびに。

◆帰郷の～墓参りをした。

くらげ

★骨格がなく海で浮遊生活をする。毒を持つ種や食用になる種も。海月とも書く。すいぼとも読む。

くめん

★金銭、品物などを、どうにかやりくりして準備すること。ぐめんとも読む。

えま

★祈願のため社寺に納める絵の額。本物の馬の代わりに絵の馬を奉納したのが始まりといわれる。

あげまき

★古代の少年の髪形。また、源氏物語第三部四七帖の巻名。そうかくとも読む。

みまさか

★岡山県北東部にある市。農業、漁業が中心。二〇〇五年に六つの町村が合併してできた。

まなでし

★特に期待をよせて、目をかけている弟子。

つちけいろ

★土のような色。特に、生気を失った顔色などに使う。

じかび

★料理などで、材料を直接火に当てること。または、その火。

◆～で焼く。

ほっきにん

★会や活動を新しく企てて始める人。

◆イベントの～になる。

まずい

★味が悪い。へただ。不都合だ。醜い。拙いとも書く。⇔うまい

◆～コーヒー。

台詞　留守　朝三暮四　月代

流布　行水　土砂　西表島（沖縄県の地名）

古文書　舎人　水無月　一念発起

太刀　遊山　急かす　海老

せりふ

★役者が劇中でいう言葉。台本の言葉。または、決まり文句。科白とも書く。だいしとも読む。

るふ

★世間に広く知られること。
◆変なうわさが〜している。

こもんじょ

★古い文書。歴史の史料となる古い記録。古記録とは区別される。

たち

★長くて大きい刀。古い物を大刀、平安以降の物を太刀と書きわけることもある。

るす

★外出して家をあけていること。また、その間、家の番をすること。
◆〜番。

ぎょうずい

★たらいに湯などを入れ、体を洗い流すこと。

とねり

★古代、皇族や貴族の護衛や雑用に従事した下級官人。しゃじんは別の意味。

ゆさん

★山や野へ遊びにいくこと。また、単に遊びに行くこと。

ちょうさんぼし

★目先の違いにとらわれて、結局は同じであることに気づかないこと。

どしゃ

★土と砂。「〜降り」で激しく降る雨のこと。
◆〜くずれ。〜降りの雨。

みなづき

★「水が無い」と書くが、水の月の意味。田に水を引く陰暦六月のこと。

せかす

★急がせる。早くするよう促す。
◆そんなに〜のはやめてほしい。

さかやき

★平安〜江戸時代、男子が額ぎわをそり上げた髪形。つきしろとも読む。月額とも書く。

いりおもてじま

★沖縄県南西部、八重山諸島に属する島。豊かな自然環境を残す。

いちねんほっき

★あることを成し遂げるために決心すること。
◆〜して、勉強に打ち込む。

えび

★食用になるものが多い。寿司やフライなどにして用いる。蝦とも書く。かいろうとも読む。

入門編

深傷

打打発止

海原

有頂天

長丁場

禁物

長ける

安芸

広島県の地名

素行

手水

一寸

波止場

悪寒

仮病

初心

「しょしん」とも読みますが…

秋刀魚

ふかで
★深い傷。大けが。深手とも書く。
⇅浅傷・薄手

ながちょうば
★道のりが長いこと。物事が長くかかること。
◆～の試合。

そこう
★日常のおこない。
◆～がよくない。～調査を頼む。

おかん
★発熱時のぞくぞくする寒気。
◆～がする。

ちょうちょうはっし
★刀などで打ち合う音や様子。激しく議論するさま。丁丁発止とも書く。

きんもつ
★してはいけないこと。避けた方がいいもの。
◆油断は～だ。

ちょうず
★手や顔を洗うこと。便所。便所に行くこと。てみずとも読む。

けびょう
★病気ではないのに、病気のようにふるまうこと。
◆～を使って学校を休む。

うなばら
★広々とした海。広大な水面。
◆大～へ出帆した。

たける
★盛りになる。盛りをすぎる。ある力や才能に優れている。

ちょっと
★わずかであるさま。鳥渡とも書く。いっすんは別の意味。
◆もう～で完成する。

うぶ
★純情で初々しいこと。男女の仲にうといこと。
◆～な青年。

うちょうてん
★得意の絶頂で舞い上がっていること。また、そのさま。

あき
★旧国名。広島県西部にあたる。安芸の宮島で有名。高知県の市名の一つでもある。

はとば
★波をよけたり、船をつけたりするために、港に作られたもの。埠頭。港を指すこともある。

さんま
★秋の代表的な魚で、刀状の姿が特徴。焼き魚として食すことが多い。

夢現　育む　五月晴　茶話会

仲人　一口両舌　他言　石見

世界遺産にもなった島根県の地名

湯治場　一昨日　金平　多士済済

九十九折　所望　本望　太太しい

ゆめうつつ
★夢か現実か区別がつかないようなぼんやりした状態。
◆〜でさまよう。

なこうど
★仲立ちをする人。特に、結婚の仲立ちをする人。ちゅうにんとも読む。
◆〜役を引き受ける。

とうじば
★湯治のために行く場所。温泉などに逗留して病気を治したり、休んだりする。

つづらおり
★ツヅラフジのつるのように、幾重にも曲がりくねっている山道。葛折とも書く。

はぐくむ
★大事に守り育てる。親鳥がひなを羽で抱き育てる。
◆愛を〜。

いっこうりょうぜつ
★二枚舌。前に言ったことと、後に言うことが違うこと。

おととい
★きのうの前日。いっさくじつ、おとついとも読む。

しょもう
★何かをしてほしいと、願い望むこと。
◆御〜の品を用意する。

さつきばれ
★五月の頃の気持ちよく晴れ渡った空。元は陰暦五月の梅雨の晴れ間。
◆〜の空に舞うこいのぼり。

たごん
★秘密などを他人に話すこと。口外すること。たげんとも読む。
◆〜無用。

きんぴら
★坂田金時の子、怪力で有名。金平牛蒡(ごぼう)は牛蒡の固さと辛さを金平の強さになぞらえた。

ほんもう
★本来の望み。また、望みを達成して満足なこと。
◆さぞ〜だろう。

さわかい
★お茶を飲みながら、気軽に話したりする集まり。ティーパーティー。ちゃわかいとも読む。

いわみ
★今の島根県の中央部。島根県大田市にある石見銀山遺跡は世界遺産登録された。旧国名の一つ。

たしせいせい
★優れた人材が多数集まっていること。また、そのさま。たしさいさいとも読む。

ふてぶてしい
★憎らしいほどに図々しく図太い。
◆〜態度。

入門編

遊説 老若男女 道化 他人事

面目 句読点 人伝 指宿

鹿児島県の地名

神主 下手物 生半可 素性

若しも 流転 勤しむ 下意上達

ゆうぜい

★主張を説いて歩くこと。特に、政治家が政策を説いて各地を回ること。

めんぼく

★世間に対する体面や名誉。また、世間からの評価。めんもく、めいぼくとも読む。◆〜ない。

かんぬし

★神社に奉仕して、神をまつる人。

もしも

★仮定を表す。もし、を強調した語。

◆〜失敗したら。

ろうにゃくなんにょ

★老人も若者も男も女も含む、すべての人々。

◆〜が集う。

くとうてん

★文につける句点「。」と読点「、」のこと。感嘆符や疑問符などを含むこともある。

げてもの

★普通とは違う風変わりなもの。並みや安物の品。

⇅上手物(じょうてもの)

るてん

★物事が流れ、変化すること。りゅうてんとも読む。

◆万事〜する。

どうけ

★おかしなしぐさや言葉で、人を笑わせること。また、それをする人。

ひとづて

★直接ではなく人を通して話を聞いたり、伝えたりすること。

なまはんか

★十分でなく中途半端なこと。半可は中途半端のこと。

◆〜な覚悟。

いそしむ

★熱心に励む。精を出す。

◆勉学に〜。

ひとごと

★他人に関すること。たにんごとも読む。

◆〜とは思えない。〜のように話を聞く。

いぶすき

★鹿児島県、薩摩半島の南東端の温泉地。

すじょう

★血筋や家柄。生まれや育ち。生まれ育った境遇。また、物の由来。そせいとも読む。

かいじょうたつ

★下の人や部下の意見などが上の人や上司まで届くこと。

⇅上意下達

入門編

所以
見栄
往生際
博覧強記

非力
強情
重複
下野 栃木県の地名

体裁
果物
極意
砂利

百家争鳴
枝折
弟子
若人

ゆえん
★理由。わけ。
◆彼が第一人者とされる～はここにある。

みえ
★外見。外見を実際よりよく見せようとする態度。歌舞伎で切るのは「見得」。

おうじょうぎわ
★死にぎわ。極限まで追い詰められたとき。またそのときの態度。

はくらんきょうき
★様々な分野の書物を読み、よく記憶していること。
◆～の人。

ひりき
★力のないこと。力量が足りないこと。ひりょくとも読む。
◆自らの～を恥じる。

ごうじょう
★人の意見を聞かず自分の意見や行動を押し通そうとすること。剛情とも書く。

ちょうふく
★物事が何度も重なること。じゅうふくとも読む。
◆話が～する。説明の～を避ける。

しもつけ
★栃木県南部の市名。また、栃木県にあたる旧国名の一つ。

ていさい
★外から見た姿や様子。世間体やみえ。一定の形式。たいさいとも読む。
◆～が悪い。

くだもの
★木や草になる果実。水菓子ともよぶ。かぶつとも読む。菓物とも書く。

ごくい
★学問や武道・芸道などで核心となる大事な事柄。奥義。
◆剣道の～を授かる。

じゃり
★小石や砂のまじったもの。さざれ石からの変化ともいう。また、子どものこと。ざりとも読む。

ひゃっかそうめい
★いろいろな立場の人間が自由に意見を発表し論争をすること。

しおり
★本の間に目印として挟むもの。木の枝を折って道しるべとしたことから。栞とも書く。

でし
★師について教えを受ける人。弟や子どものように師に従う人の意。ていしとも読む。

わこうど
★わかびとの転。年の若い人。若者。わかうどとも読む。
◆～達のスポーツの祭典。

入門編

重陽

郡
（ぐんではなく…）

金輪際

最高値
（取引市場などで…）

言語道断

戸外

断食

久遠

黄砂

四海兄弟

建立

湯布院
（大分県の有名な温泉）

小女子

率先

群青色

百足

ちょうよう
★陰暦の九月九日。菊の節句。陽の数の極数である九が重なることから重陽とよぶ。

ごんごどうだん
★あまりのひどさに、言葉が出ないこと。元は良い意味にも使われた。

こうさ
★黄色い砂。特に、中国などで風に吹き上げられた砂。日本にまで届き、社会問題にも。

こうなご
★幼魚を煮干にしたり、佃煮にしたりして食す。別名いかなご。ちりめんじゃことは別物。

こおり
★律令制で、国の下に位置する地方行政区画のこと。里・郷・村などを包括するもの。

こがい
★家の外。屋外。
◆〜で弁当を食べる。

しかいけいてい
★世界中の人々は、兄弟のように親しくすべきだということ。論語より。

そっせん
★人の先に立って物事を行うこと。帥先とも書く。
◆〜して準備する。

こんりんざい
★物事の極限。決して。絶対に。どこまでも。
◆この話は〜しない。

だんじき
★祈願、修行、治療などのために、一定期間食べ物を絶つこと。
◆〜修行。

こんりゅう
★寺院などを建てること。仏教建築に多く用いる。けんりつとも読む。
◆寺を〜する。

ぐんじょういろ
★鮮やかな藍に近い青色。

さいたかね
★取引の値段で最も高い値段。株の取引市場で、上場以来一番高い値段がつくこと。⇅最安値

くおん
★永遠のこと。遠い過去、または、未来。きゅうえんとも読む。

ゆふいん
★大分県由布市の地名。温泉で有名な町。

むかで
★節足動物門ムカデ綱でゲジ類以外の総称。対になったたくさんの脚がある。

入門編

安否　神酒　素人　万古不易

点前　前代未聞　居心地　細工

健やか　画策　日和見　十姉妹

天井　気障　納戸　支度

あんぴ

★無事に生きているかどうかということ。あんぷ、あんぶとも読む。

◆生存者の〜を確認する。

てまえ

★茶や香をたてるときの所作や作法。手前とも書く。たてまえとも読む。

すこやか

★心身が健康であるさま。丈夫なこと。すくやかとも読む。

◆〜に育つ。

てんじょう

★屋根裏や上の階の床下を隠すために板などを張ったもの。

◆家の〜に穴があく。

みき

★神に供える酒。酒を尊んだ表現。御酒とも書く。しんしゅ、みわとも読む。

ぜんだいみもん

★今までに聞いたこともないようなこと。

◆〜のアクシデント。

かくさく

★実現しようと計画を立てること。策略をめぐらすこと。

◆秘密裏に〜する。

きざ

★元はきざわりの略。服装や言動が気取っていて嫌味なこと。また、そのさま。

しろうと

★ある物事に経験がないまたは少ない人。それを職業としない人。しろと、しらびととも読む。

いごこち

★ある場所や地位などにいるときに感じる気持ち。

◆この部屋は〜がいい。

ひよりみ

★形勢を見て、有利な方の味方をしようとすること。また、天気をうかがうこと。

なんど

★衣服や道具などを収納する部屋。屋内の物置部屋。

ばんこふえき

★永久に変わらないこと。また、そのさま。千古不易とも言う。

さいく

★手先を使って細かい物を作ること。うまく運ぶようにする企て。◆〜は流々、仕上げを御覧じろ。

じゅうしまつ

★ペットとして初心者にも飼いやすい、小形の鳥。色や模様も豊富。

したく

★予定したことを行うのに必要なものをそろえること。準備。身支度。仕度とも書く。

入門編

境内　養生　迷子　生兵法

不死身　手強い　月極め　節句

祝言　明鏡止水　縦横　手練手管

景色　厚岸　北海道の地名　海星　旅客

けいだい
★境界の内側。特に、寺院や神社の敷地の内。

ふじみ
★打たれても切られても平気であること。死なないこと。どんな苦難にもくじけないこと。

しゅうげん
★祝い。またはその言葉。結婚式。ほぎごととも読む。

けしき
★風景。特に、自然のながめ。気色とも書く。けいしょくとも読む。
◆心が洗われるような〜。

ようじょう
★健康の増進や、病気やけがの回復を図ること。
◆〜して長生きする。

てごわい
★相手にすると強くて油断できない。簡単には勝てそうにない。てづよいとも読む。

めいきょうしすい
★曇りのない鏡や静かな水のように、心が澄み切っている状態。

あっけし
★北海道東部、釧路支庁にある町。厚岸湖はオオハクチョウの大規模中継地として有名。

まいご
★道や方向がわからなくなり、親とはぐれた子ども。連れとはぐれること。

つきぎめ
★一か月を単位として契約をすること。月極とも書く。
◆〜駐車場。

じゅうおう
★縦と横。南北と東西。四方八方。自由自在。たてよことも読む。

ひとで
★海に棲む生き物。体は平たく星形か五角形のものが多い。人手とも書く。

なまびょうほう
★技術や知識が十分に備わっていないこと。
◆〜は大怪我のもと。

せっく
★節日(せちにち)。三月三日の上巳(じょうし)、五月五日の端午、七月七日の七夕など。

てれんてくだ
★人をだましてまるめこむ技術。
◆あの男は〜にたけている。

りょかく
★旅をする人。飛行機や電車などの交通機関に乗る客。りょきゃくとも読む。

入門編

一陽来復　作法　担う　格子戸

赤銅　車前草　徒花　博士

五月雨　気配　納屋　直木三十五

重宝　神楽　異口同音　一矢

「～を報いる」と使います

いちようらいふく
★冬が去り春が来ること。悪いことが続いた後、良くなること。

しゃくどう
★少量の金を含む銅合金。古くから仏像などの金属工芸に用いられた。

さみだれ
★陰暦五月の頃に降る雨のこと。とぎれながら繰り返すこと。梅雨。さつきあめとも読む。

ちょうほう
★便利なこと。役立つこと。便利なので何度も使うこと。
◆～な缶きり。

さほう
★物事を行う方法。礼にかなった所作の法式。さくほうとも読む。

おおばこ
★多年草。種子や葉は利尿薬に用いられる。大葉子とも書く。しゃぜんそう、おんばことも読む。

けはい
★何となく感じられる様子。
◆春の～。

かぐら
★神をまつるために奉じる歌舞。能や狂言の舞事の一つ。また囃子の総称。

になう
★肩にかつぐ。自分の身に引き受ける。荷うとも書く。
◆次世代を～。

あだばな
★咲いても実を結ばない花。実質が伴わないことのたとえ。
◆～に終わる。

なや
★農家などで物を蓄える小屋。また漁村で海岸に設けた小屋。

いくどうおん
★多くの人の言うことが一致すること。
◆～に唱える。

こうしど
★細い角材で組んだ格子でつくった戸。
◆～をくぐる。

はかせ
★ある方面に詳しい人。はくしとも読む。その場合は大学院で授与される学位の意。◆昆虫～。

なおきさんじゅうご
★小説家。代表作『南国太平記』『楠木正成』。直木賞は彼の大衆文学の功績を記念した賞。

いっし
★文字どおり一本の矢。
◆「～を報いる」でわずかでも反撃すること。

入門編

若干　後生大事　三味線　百舌

号泣　意気地　直筆　気骨

貧富　何故　潮来（茨城県の地名）　短兵急

師走　夕映え　名残　一言半句

じゃっかん

★数は定まらないが、それほど多くはないことを表す。多少。いくらか。

◆採用は〜名。

ごうきゅう

★とても悲しんで、大声で泣き叫ぶこと。

◆友の死に〜する。

ひんぷ

★貧乏なことと富裕なこと。

◆〜の差。

しわす

★陰暦十二月の別名。

◆〜の街はあわただしい。

ごしょうだいいじ

★大切にすること。後の世の安楽のため、生前に修行すること。

いくじ

★何かをやり通そうとする気力。心意気。意地。いきじとも読む。

◆〜がない。

なぜ

★どうして。どういうわけで。理由を問う言葉。なにゆえとも読む。

◆〜約束を破ったの。

ゆうばえ

★夕日の光に反映して物が美しく見えること。夕焼け。

◆〜の街。

しゃみせん

★日本の弦楽器。弦は三弦。太棹、中棹、細棹など棹の太さで種類が分かれる。さみせんとも読む。

じきひつ

★本人が直接書くこと。または、書いた物。自筆。ちょくひつは別の意味。

◆著者〜のサイン入り。

いたこ

★茨城県南部の市。千葉県に隣接。水郷として有名。

なごり

★物事が過ぎ去った後に残る、そのことを思い出させる気配。余波とも書く。

もず

★スズメ目モズ科の鳥。秋に高い梢で鋭く鳴く。百舌鳥、鵙とも書く。

きこつ

★自分の信念に忠実で強い意地。きぼねは別の意味。

◆〜のある人。

たんぺいきゅう

★にわかに。いきなり敵に攻撃を仕掛けるさま。短兵は刀剣など短い兵器のこと。

いちごんはんく

★ちょっとした言葉の意。

◆〜も聞き漏らすまい。〜もたがわず朗読した。

入門編

術

山車

夜気

生一本

紅葉

秋の風物詩

然様

愛でる

知己

幸先

次第

長月

角館

秋田県の地名

正肉

高飛車

所作

装束

すべ
★目的を遂げるための手段・方法。
◆もはや施す～がない。

こうよう
★秋にカエデ、イチョウほか様々な木々の葉が赤や黄色に色づくこと。もみじとも読む。

さいさき
★前兆。よいことのある前ぶれ。
◆～のよいスタート。～が悪い。

しょうにく
★骨や余分な脂肪等を除いた肉で、多くは鶏肉についていう。

だし
★神社の祭礼のときに引く、様々な飾り物をつけた屋台。さんしゃとも読む。

さよう
★相手の言葉を受けて、そのとおりと肯定する意で用いる。左様とも書く。

しだい
★順序。物事の経過、なりゆき。人の意向や状況。
◆事の～を話す。部長～。

たかびしゃ
★頭ごなしに相手を押さえつける、高圧的な態度。
◆～な言い方をする。

やき
★夜の冷たい空気や、夜の気配のこと。
◆外へ出て～に当たる。

めでる
★かわいがる。愛する。ものの美しさをほめ味わう。賞でるとも書く。
◆菊花を～。初孫を～。

ながつき
★陰暦九月を表す言葉。菊月とも呼ぶ。

しょさ
★行い。しぐさ。その場に応じた身のこなし。
◆茶道の～。

きいっぽん
★純粋で何も混じっていないこと。まっすぐな心で打ち込んでいく性格。

ちき
★親友。自分をよく理解している人。知人。ちことも読む。
◆～を見いだす。

かくのだて
★秋田県仙北市の地名。古商家や武家屋敷が残る。春の桜で有名。

しょうぞく
★よそおうこと。そのための着物。室内や庭を飾ること。

拾得

何かをひろう意味です

三一

「さんいち」ではなく…

外連

枚挙

全う

真紅

直談判

目論見

声色

筆無精

極書

有職故実

詩歌

寄る辺

言質

内証

しゅうとく

★拾うこと。習得・修得・収得と混同しやすいので注意。じっとくは人名。

まっとう

★まったく。「全うする」は、完全に成し遂げること。

◆任務を～する。

こわいろ

★声の音色や調子。

◆～を変える。

しいか

★漢詩と和歌。また和歌、俳句、詩などの韻文の総称。しかとも読む。

さんぴん

★江戸時代の身分の低い侍。二つのさいころを振って、三と一の目がでること。

しんく

★濃い紅色。深紅とも書く。

◆～のバラ

ふでぶしょう

★手紙や文章を面倒がって書かないこと。筆不精とも書く。

⇅筆忠実(ふでまめ)。

よるべ

★頼りとするところ。頼みとする人。とくに妻または夫のこと。寄る方とも書く。

けれん

★はったり。演劇で宙乗り・水芸などの見た目重視の演出。ごまかし。

じかだんぱん

★誰かに頼まずに、直接相手と交渉すること。

◆家主と～する。

きわめがき

★刀剣、書画など骨董類の鑑定書。作品に添付する。

げんち

★後で証拠となるような言葉や約束。げんしち、げんしつとも読む。

◆～を取る。

まいきょ

★一つ一つ数え上げる。

◆「～にいとまがない」で数え切れないほど多い。

もくろみ

★もくろむこと。計画。

◆事業の～を立てる。～どおりに進む。

ゆうそくこじつ

★朝廷や武家の礼式・官職・法令・武具などの古くからのしきたり。またそれらを研究する学問。

ないしょ

★「ないしょう」の音が変化したもの。秘密にしておくこと。内緒、内所とも書く。

早急

野暮

一切合切

冬至

都合

世間体

政所

受領

門戸

守宮

生き物の名前です

石南花

鉄面皮

常夏

無用の長物

丁重

高天原

さっきゅう

★とても急ぐこと。そうきゅうとも読む。
◆～な対策を必要とする。

つごう

★物事をする際の事情。具合。
◆今日は～が悪い。

もんこ

★門と戸。出入り口。家。自分の一派。
◆留学生に～を開く。

とこなつ

★晴れて気候が良く、いつも夏のようなこと。また、源氏物語の第一部第二六帖の巻名。

やぼ

★世情にうとく、人情の機微がわからないこと。洗練されていないこと。

せけんてい

★世間の人に対する対面や体裁。
◆～に重きをおく。～が悪い。

やもり

★ヤモリ科のトカゲ類の総称。家守とも書く。しゅきゅうとも読む。

むようのちょうぶつ

★役に立たない物。あってもむしろ邪魔になるような物。

いっさいがっさい

★全部。残らず。一切より意味は強まる。一切合財とも書く。
◆家財を～失う。

まんどころ

★平安・鎌倉・室町時代、時の権力が政務または事務、庶務を司った機関。また、北の政所の略。

しゃくなげ

★ツツジ科の常緑低木。ツツジ類と同じ属だが、葉がより厚く光沢がある。

ていちょう

★手厚く、礼儀正しいこと。大事に扱うこと。鄭重とも書く。
◆客人を～にもてなす。

とうじ

★二十四節気の一つ。北半球では一年中で昼がいちばん短い日。十二月二十二日ごろ。

ずりょう

★平安中期以降、任地に赴いた最上席のもの。徴税権を利用して富を築いた。

てつめんぴ

★鉄のように厚くかたい面の皮の意味から、恥知らずな人。厚顔。
◆彼の～な行いに驚く。

たかまがはら

★日本神話上の、天上の国。天照大神が支配する。たかまのはらとも読む。

入門編

指図
仕草
金団
治山治水

専ら
田舎
反物
新発田
新潟県の地名

乳母
神業
八百長
千差万別

最寄り
白兵戦
頭角
思しい

さしず

★他の人に指示してさせること。古くは地図や絵図面の意味も。

◆後輩に～する。

もっぱら

★あることだけをするさま。そのことばかり。もはらとも読む。

◆～のうわさだ。

うば

★母親に代わって、赤ん坊に乳を飲ませ育てる役の女性。めのと、にゅうぼ、おんばとも読む。

もより

★もっと近いところ。すぐ近く。

◆～の駅から五分。

しぐさ

★何かをするときの身のこなし。動作。仕種とも書く。

◆かわいらしい～。

いなか

★都会から離れた場所。開けていないところ。自分の生まれ育った故郷。でんしゃとも読む。

かみわざ

★神のしわざ。また普通の人にできないような技をいう。神事とも書く。

はくへいせん

★白兵は刀・槍・剣など抜身の武器のこと。それらを用いた、肉薄する戦い。

きんとん

★ゆでたサツマイモ、インゲン豆などを裏ごしして、甘く煮た栗や豆とあえたもの。

たんもの

★段物とも書く。成人一人前の分量(一反)に仕立てた織物。

やおちょう

★試合や勝負で片方が負ける約束をしていながら、真剣に戦っているように見せること。いんちき。

とうかく

★頭の先。

◆「～を現す」で学識や才能が優れ、抜きんでること。

ちさんちすい

★山に植林したり、河川の氾濫を防ぐ整備をすること。暮らしやすいように国土を治めること。

しばた

★新潟県北東部の市。城下町として発展。

せんさばんべつ

★種々様々、違いもいろいろあること。

おぼしい

★思われる。そう見受けられる。覚しいとも書く。

◆犯人と～しき男。

入門編

礼賛　出納　殺める　引率

合点　因果応報　非業　四方山

真面目　自重　文言　白粉花

一目散　筆舌　下馬評　大願成就

らいさん

★ありがたく思いたたえること。人、物、事への賛美。礼讃とも書く。

◆先人の功績を～する。

がてん

★承諾。承知、納得すること。がってんとも読む。

◆～がいく。

まじめ

★うそやいい加減ではないこと。真剣で誠実なこと。しんめんぼく、しんめんもくとも読む。

いちもくさん

★脇目もふらず全力で走る。多くは逃げるときに使う。

すいとう

★金や物を出し入れすること。支出と収入。しゅつのうとも読む。

◆金銭～帳。

いんがおうほう

★現在の幸不幸は、過去の善悪のふるまいで生じること。

じちょう

★行いを慎み、軽々しいふるまいをしないこと。また自愛。じじゅうは別の意味。◆～を促す。

ひつぜつ

★書いた文章と話した言葉。

◆彼らの労苦は～に尽くしがたい。

あやめる

★危害を加える。特に、殺すの意味。危めるとも書く。

◆人を～。

ひごう

★前世の因縁ではない、思いもかけない悲惨な災難。ひぎょうは別の意味。

◆～の死を遂げる。

もんごん

★文中の語句。文句。ぶんげんとも読む。

◆条文の～について確認する。

げばひょう

★下馬先で主人を待つ供の者が交わす評判という意味から、うわさ。批評。

いんそつ

★多くの人を率いること。引き連れていくこと。

◆先生が～する。

よもやま

★世間。いろいろな方面のこと。様々。

◆～話に花が咲く。

おしろいばな

★オシロイバナ科の多年草。種子の胚乳はおしろいに代用された。

たいがんじょうじゅ

★大きな願いがかなうこと。大願はだいがんとも読む。

第2章

どちらを使いますか?

漢字変換のとき
どちらがいいのか迷いませんか

出題の語句は小学配当漢字ですが、それ以外の問題文には小学配当以外の漢字も用いています。

同音異字

※出題の語句は小学配当漢字ですが、それ以外の問題文には小学配当以外の漢字も用いています。

義 **議**

無謀な計画に異□《ぎ》を唱える

志 **思**

意□《し》の疎通がうまくいかない

状 **常**

体の不調や異□《じょう》を訴える

同 **動**

両者に生じた異□《どう》を分析する

解 **開**

屋上を一般に□《かい》放する

会 **界**

学□《かい》の定説を覆す

過 **課**

製造の□《か》程から管理する

関 **感**

立派な行いに□《かん》心する

無謀な計画に異**議**を唱える

異義…異なる意味。
異議…他人と異なる議論や主張。

意**思**の疎通がうまくいかない

意志…何かをすすんでしようとする気持ち。
意思…何かをしようとするときの考え・気持ち。

体の不調や異**状**を訴える

異状…いつもと違う状態。
異常…正常ではない様子。

両者に生じた異**同**を分析する

異同…違っているところ。
異動…職務や地位が変わること。

屋上を一般に**開**放する

解放…制限や束縛をとき、自由にすること。
開放…制限なく、自由に出入りさせること。

学**界**の定説を覆す

学会…同じ研究分野の人が集まった団体。
学界…学問に携わる人々の社会。学問の世界。

製造の**過**程から管理する

過程…物事が進行していく道筋。
課程…学校などで修得すべき学習内容と順序。

立派な行いに**感**心する

関心…物事に興味を持つこと。
感心…立派だと心に深く感じること。

同音異字

関　感

私の□《かん》知するところではない

制　正

政治資金規□《せい》法を施行する

協　共

□《きょう》同出資で会社を立ち上げる

裁　済

議長の決□《さい》を仰ぐ

型　形

原□《けい》をとどめないほどに壊れた

現　原

□《げん》状を分析し判断する

行　業

歌舞伎の興□《ぎょう》に出かける

生　世

「後□《せい》畏るべし」というではないか

私の**関**知するところではない

関知…あることに関係し、様子を知ること。
感知…感じ取って知ること。

政治資金規**正**法を施行する

規制…規則に従い、物事を制限すること。
規正…規則に従い、悪い点を正しく直すこと。

共同出資で会社を立ち上げる

協同…人々が力を合わせて仕事をすること。
共同…同じ目的のために力を合わせること。

議長の決**裁**を仰ぐ

決裁…権限を持つ長が事柄の可否を決めること。
決済…代金の受け渡しで売買取引を終えること。

原**形**をとどめないほどに壊れた

原型…もとになる型。
原形…本来の形。もともとの形。

現状を分析し判断する

現状…現在の状態。
原状…初めの状態。

歌舞伎の興**行**に出かける

興行…お金を取って公開する演劇・イベントなど。
興業…新たに事業を興すこと。

「後**生**畏るべし」というではないか

後生…後から生まれる人。後輩。
後世…後の時代。

同音異字

行　工
作業の□《こう》程を省略する

遊　友
はば広い交□《ゆう》関係

官　感
季節の変化を五□《かん》に感じる

持　辞
自説を固□《じ》し譲らない

期　季
今□《き》初の海水浴日和

裁　採
理事長が□《さい》決を行う

製　生
汚染された水を再□《せい》させる

成　製
標本の作□《せい》に時間を費やす

作業の**工**程を省略する

行程…目的地までの道のり。
工程…仕事や作業を進める手順・段階。

はば広い交**友**関係

交遊…親しくつきあうこと。
交友…友人としてつきあうこと。その友人。

季節の変化を五**官**に感じる

五官…目や耳など五感の生じる感覚器官。
五感…視覚・聴覚・味覚・嗅覚・触覚の五つの感覚。

自説を固**持**し譲らない

固持…意見などをかたく守って変えないこと。
固辞…かたく辞退すること。

今**季**初の海水浴日和

今期…現在の期間。
今季…今の季節。

理事長が**採**決を行う

裁決…物事の善し悪しを裁いて決定すること。
採決…議案の賛否の決をとること。

汚染された水を再**生**させる

再製…製品や廃品を別の物に作り直すこと。
再生…死にかけていたものが生き返ること。

標本の作**製**に時間を費やす

作成…計画や書類などを作ること。
作製…品物や印刷物などを作ること。

同音異字

期 機

その議論はまだ時□《き》尚早だ

体 態

工事の実□《たい》を調査する

任 認

私が適役と自□《にん》します

極 局

事件が終□《きょく》を迎えた

集 拾

収□《しゅう》がつかない事態になった

正 整

人工衛星の軌道を修□《せい》した

周 衆

□《しゅう》知を集めて解決策を探す

収 拾

落ちていた定期券を□《しゅう》得した

その議論はまだ時**期**尚早だ

時期…時。おり。季節。幅を持った期間。
時機…適当な機会。何かを行うのに適したとき。

工事の実**態**を調査する

実体…実際に存在する本当の姿。正体。
実態…実際の状態。実情。

私が適役と自**任**します

自任…自分でそれにふさわしい才能があると思うこと。
自認…自分で認めること。

事件が終**局**を迎えた

終極…物事の最後。はて。
終局…碁や将棋などを打ち終えること。事件の結末。

収**拾**がつかない事態になった

収集…あちこちから集めること。コレクション。
収拾…混乱した状態を収めること。

人工衛星の軌道を修**正**した

修正…よくないところを正しく直すこと。
修整…手を加えて整えること。

衆知を集めて解決策を探す

周知…多くの人が知ること。知れ渡っていること。
衆知…多くの人々の知恵。

落ちていた定期券を**拾**得した

収得…自分のものにすること。◆株の収得。
拾得…落とし物などを拾うこと。

同音異字

修　習

パンの焼き方を□《しゅう》得する

用　容

私有地を収□《よう》し空港にする

業　行

花嫁修□《ぎょう》に料理を習う

情　条

□《じょう》理を兼ね備えた対応をする

初　所

□《しょ》期の目的を達成する

用　要

所□《よう》で欠席する

律　立

景気の自□《りつ》回復の見通し

心　進

総合力の□《しん》境著しいチーム

パンの焼き方を**習**得する

修得…学問や資格を学んで身につけること。
習得…習い経験して覚えること。

私有地を収**用**し空港にする

収用…国や自治体が取り上げて使用すること。
収容…人や物をある場所に入れること。◆千人収容。

花嫁修**業**に料理を習う

修業…学問や技術などを習って身につけること。
修行…悟りを開くため、仏の教えを実践すること。

情理を兼ね備えた対応をする

情理…人情と道理の両方。
条理…物事の筋道。

所期の目的を達成する

初期…物事が始まったばかりの時期。
所期…あらかじめ期待していることがら。

所**用**で欠席する

所用…用事。用件。用いること。用いるもの。
所要…あることをするのに必要なこと。◆所要時間。

景気の自**律**回復の見通し

自律…自分で自分を制御していること。◆自律神経。
自立…他からの支配や助力から独立すること。

総合力の**進**境著しいチーム

心境…心の状態。気持ち。◆心境の変化。
進境…進歩して到達した境地。

同音異字

心　真

□《しん》情的には同情する

進　針

台風の□《しん》路を予測する

成　生

小麦の□《せい》育を見守る

型　形

プラスチックを成□《けい》加工する

製　制

日曜大工で家具を□《せい》作する

正　盛

振り袖姿に□《せい》装した新成人

生　成

今、注目の□《せい》長産業

正　成

作戦の□《せい》否がかかる

心情的には同情する

心情…心の中の思い。
真情…偽らない、本当の気持ち。

台風の**進**路を予測する

進路…進んでいく道。
針路…飛行機や船の進む方向。進むべき道。

小麦の**生**育を見守る

成育…（主に人や動物が）育って大きくなること。
生育…（主に植物が）伸び育つこと。育てること。

プラスチックを成**型**加工する

成型…型にはめ、つくること。
成形…形をつくること。

日曜大工で家具を**製**作する

製作…主に実用的、具体的なものをつくる。
制作…主に芸術的なものをつくる。

振り袖姿に**盛**装した新成人

正装…儀式などに着るあらたまった服装。
盛装…はなやかに着飾ること。

今、注目の**成**長産業

生長…（主に植物が）育つこと。生まれ育つこと。
成長…（一般用語）育って大きくなること。

作戦の**成**否がかかる

正否…正しいか正しくないか。
成否…成功するか失敗するか。

同音異字

体　態

横綱が□《たい》勢を崩して倒れた

求　究

科学の真理を探□《きゅう》し続ける

観　感

物音で危険を直□《かん》した

究　求

利潤の追□《きゅう》が目的だ

正　性

適□《せい》検査を通過する

志　士

私と彼は従兄弟同□《し》だ

効　行

証明書を発□《こう》する

半　反

彼の知られざる□《はん》面が見えた

横綱が**体**勢を崩して倒れた

態勢…物事に対する構えや状態。
体勢…体の構え。姿勢。

科学の真理を探**究**し続ける

探究…物事の真の姿を見きわめること。研究。
探求…物事を探し求めること。

物音で危険を直**感**した

直感…心で瞬間的・感覚的に感じ取ること。
直観…判断・推理ではなく直接に本質をとらえること。

利潤の追**求**が目的だ

追求…追い求めること。
追究…追い、真の姿を見きわめること。

適**性**検査を通過する

適性…あることに向いている性質や能力。
適正…ほどよく当てはまって正しいこと。

私と彼は従兄弟同**士**だ

同士…仲間。種類。同じ関係にある人。
同志…志を同じくすること。また、その人。

証明書を発**行**する

発行…証明書・入場券などを作って通用させること。
発効…条約・法律などの働きや効力が生じること。

彼の知られざる**半**面が見えた

反面…反対の面。他面。◆反面教師。
半面…顔の半分。半分の面。相対する物の片方。

同音異字

至　死

衆議院の解散は必□《し》となった

用　要

不□《よう》品の回収業者を呼ぶ

平　並

話し合いは□《へい》行線のままだ

成　制

十両編□《せい》の電車に乗る

位　意

興味本□《い》で始めてみる

性　生

野□《せい》の植物をスケッチする

用　要

□《よう》件を満たしているか確認する

容　用

□《よう》量を守って薬を服用する

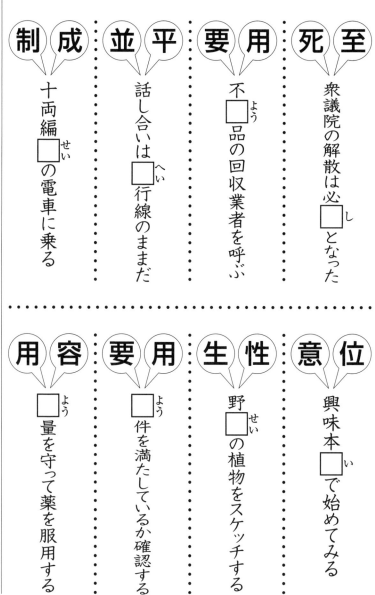

衆議院の解散は必**至**となった

必至…必ずそうなること。必然。
必死…力の限り。全力をつくすこと。

不**用**品の回収業者を呼ぶ

不用…使わないこと。いらないこと。
不要…必要でないこと。◆準備は不要だ。

話し合いは**平**行線のままだ

平行…どこまでいっても交わらないこと。
並行…並んで行くこと。並んで行われること。

十両編**成**の電車に乗る

編成…個々の物を組み立てて形づくること。
編制…個々の物を組織して具体的な団体とすること。

興味本**位**で始めてみる

本位…考えや行動の基準・基本となるもの。
本意…本来の意志や希望。◆本意ではない。

野**生**の植物をスケッチする

野性…自然・本能のままの性質。
野生…動植物が自然に山野で生きること。

要件を満たしているか確認する

用件…用事。用事の内容。
要件…必要な条件。大切な用事。

用量を守って薬を服用する

容量…器の中に入る分量。◆記憶容量。
用量…使うべき量。特に薬の使用分量。

同音異字

感　観

先入□《かん》を捨てることは難しい

器　機

外国では変圧□《き》が必要だ

形　型

□《けい》式にこだわらず自由に描く

原　源

震□《げん》地の特定を急ぐ

小　少

□《しょう》額紙幣の枚数を数える

情　状

彼は政□《じょう》に通じている

制　製

規約の□《せい》定に奔走する

卒　率

募金活動に□《そっ》先して協力する

先入**観**を捨てることは難しい

感…感じること。気持ち。感じ方。◆一体感。
観…物事に対する見方や考え方。◆人生観。

外国では変圧**器**が必要だ

器…うつわ。才能。簡単な道具や機械。
機…動力を備えたり、細かい仕組みがあったりする道具。

形式にこだわらず自由に描く

形…姿。かたち。
型…もとになる形。手本になるもの。

震**源**地の特定を急ぐ

原…もと。起こり。はじめ。◆原料。
源…物事のはじまり。みなもと。◆水源。

小額紙幣の枚数を数える

小…規模が小さい。小額…小さい単位の金額。
少…数量が少ない。少額…わずかな金額。

彼は政**情**に通じている

情…状況。ありさま。心のはたらき。◆内情。世情。
状…すがた。形。様子。◆病状。形状。

規約の**制**定に奔走する

制…決める。形を整えて定める。
製…物を作る。◆製本。

募金活動に**率**先して協力する

卒…終わる。にわかに。◆卒業式。卒倒。
率…ひきいる。まとめる。◆引率。

同訓異字

合　会

彼とは気が□《あ》う

開　空

急に時間が□《あ》いた

暖　温

□《あたた》かいもてなしを受けた

熱　厚

□《あつ》く御礼申し上げます

誤　謝

資料の□《あやま》りを指摘する

表　現

犯人が本性を□《あらわ》した

写　映

水面に物影が□《うつ》っている

生　産

誤解を□《う》む発言

彼とは気が合う

合う…二つ以上のものが一つになる。ぴったり合う。
会う…人と人が顔を合わせたり、話したりする。

急に時間が空いた

開く…閉じていたものが開く。見えるようになる。
空く…使われていない状態になる。

温かいもてなしを受けた

暖かい…気温がほどよい。経済的に余裕がある。
温かい…思いやりがある。物の温度がほどよい。

厚く御礼申し上げます

熱い…感情が高まっている状態。物の温度が高い。
厚い…厚みがある。いたわりの心や人情が深い。

資料の誤りを指摘する

誤り…間違い。失敗。
謝り…失敗や無礼をわびること。許しを求めること。

犯人が本性を現した

表す…感情や考えを言葉・音楽・絵などで示す。
現す…隠れているものをはっきり見えるようにする。

水面に物影が映っている

写る…写真に写る。裏にある物が透けて見える。
映る…物の形や影が、反射して映像として現れる。

誤解を生む発言

生む…新しく作り出す。考えなどを生じさせる。
産む…出産する。産卵する。

同訓異字

治　収

会議は大きな成果を□《おさ》めた

納　修

悔しさを胸に□《おさ》めて立ち去る

表　面

ためらわず□《おもて》をあげる

降　下

商店街はシャッターが□《お》りたままだ

帰　返

計画は白紙に□《かえ》った

形　型

手本の□《かた》に忠実に花を活ける

革　皮

豪華な□《かわ》張りのソファに座る

変　代

□《か》わり映えのしない人事

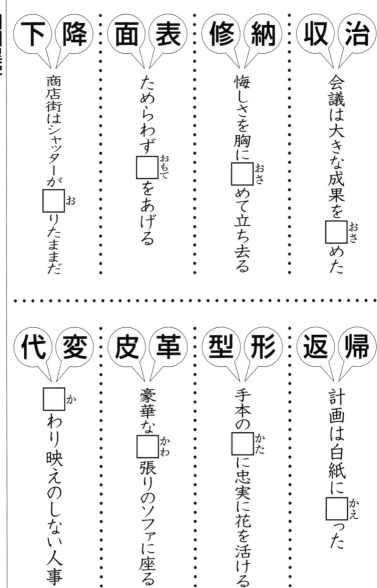

会議は大きな成果を収めた

治める…政治的に安定させる。気持ちをしずめる。
収める…良い結果を得る。外の物を中に入れる。

悔しさを胸に納めて立ち去る

納める…終わりにする。相手に渡す。中に入れる。
修める…学問を身につける。行いを正しくする。

ためらわず面をあげる

表…外側。物の上や前方の面。家の前や外。
面…顔。仮面。表面。

商店街はシャッターが下りたままだ

降りる…乗り物から外へ出る。地位や役目から退く。
下りる…上から下の方へ移動する。

計画は白紙に返った

帰る…自分の家や、もといた場所に戻る。
返る…もとの状態に戻る。◆我に返る。

手本の型に忠実に花を活ける

形…物の目に見える形。決まったやり方。
型…伝統的な型式。ある形を作るときのもとになるもの。

豪華な革張りのソファに座る

革…毛を取ってなめした獣の皮。
皮…物の表面をおおい包んでいるもの。

代わり映えのしない人事

変わり…物事の様子や状態が前と変わること。
代わり…交代すること。また、その人や物。

同訓異字

効　利

この自転車はブレーキが□《き》かない

究　極

学問の道を□《きわ》める

倉　蔵

□《くら》出しの貴重な酒を飲む

差　指

水色の傘を□《さ》して歩く

冷　覚

一時の気の迷いから□《さ》める

雪　注

この企画に心血を□《そそ》いだ

絶　断

療養のためにお酒を□《た》つ

経　立

十五分が□《た》ち、彼女が来た

この自転車はブレーキが**利**かない

効く…効き目がある。効果がある。
利く…役にたつ。有効に機能する。

学問の道を**究**める

究める…学問などを研究し、深いところまで達する。
極める…物事がこの上ないところまで達する。

蔵出しの貴重な酒を飲む

倉…物品を保管しておくための倉庫。
蔵…大事な物をしまうところ。土蔵など。

水色の傘を**差**して歩く

差す…上や前のほうに出してかざす。
指す…人や物・方向などを示す。目指す。

一時の気の迷いから**覚**める

冷める…興味や高ぶった気持ちがしずまる。
覚める…眠りや迷いから戻り、心が正常な状態になる。

この企画に心血を**注**いだ

雪ぐ…立派な行動で不名誉などを取り除く。
注ぐ…水が流れ込む。一つのことに向かう。

療養のためにお酒を**断**つ

絶つ…続いていたことをそこで終わらせる。
断つ…切り離す。続いている事や物を一時的にやめる。

十五分が**経**ち、彼女が来た

経つ…時間が経過する。
立つ…身を起こす。事を起こす。

同訓異字

着　就

大臣の地位に□《つ》く

仕　支

仕事に差し□《つか》える

作　造

口実を□《つく》り欠席する

努　務

劇の主役を□《つと》めた

整　調

難航していた商談が□《ととの》った

止　留

恩師の忠告を心に□《と》めた

取　採

正社員を十人□《と》る

直　治

朝寝坊の癖が□《なお》った

大臣の地位に**就**く

着く…移動してそこに至る。ある場所に身を置く。
就く…地位・役職・職業などに身を置く。従う。

仕事に差し**支**える

仕える…目上の人のそばにいて、奉仕する。
支える…ものがじゃまして、先に進めなくなる。

口実を**作**り欠席する

作る…小さなものや抽象的なものを創作する。
造る…主として規模の大きな物をつくる。

劇の主役を**務**めた

努める…努力して事を行う。
務める…役目や任務にあたる。

難航していた商談が**調**った

整う…望ましい形や状態になる。
調う…話し合いなどがまとまる。そろう。

恩師の忠告を心に**留**めた

止める…動かないようにする。
留める…意識して心に残す。はなれなくする。

正社員を十人**採**る

取る…自分のものにする。手につかむ。
採る…採用する。採集する。収穫する。

朝寝坊の癖が**直**った

直す…元の良い状態にする。
治す…病気やけがを良くする。

同訓異字

泣 鳴

□《な》かず飛ばずの時期もある

望 臨

体調を整えて試合に□《のぞ》んだ

計 測

□《はか》り知れない苦労を背負う

量 図

先方の気持ちを□《はか》る

早 速

手□《ばや》く夕食の支度をする

丸 円

服を□《まる》洗いする

敗 破

□《やぶ》れかぶれの気持ちで戦う

往 行

子どもの□《ゆ》く末を心配する

鳴かず飛ばずの時期もある

泣く…人が悲しみなどで、涙を流す。
鳴く…鳥や虫、獣などが声や音を出す。

体調を整えて試合に臨んだ

望む…希望する。遠くからながめる。
臨む…出席する。参加する。目の前にする。

計り知れない苦労を背負う

計る…計算する。見積もる。心の中で数える。
測る…物の長短、大小などを測る。

先方の気持ちを量る

量る…人の気持ちなどを推量する。重さや量を調べる。
図る…計画する。企てる。

手早く夕食の支度をする

早い…あることをする時間が短い。
速い…進行や移動にかかる時間が短い。

服を丸洗いする

丸…すべて。まるくする。髪の毛をそる。
円…（特別用語）円天井。円盆。

破れかぶれの気持ちで戦う

敗れる…勝負や戦いに負ける。
破れる…形が壊れる。裂ける。くだける。

子どもの行く末を心配する

往く…戻ることを予定して移動する。
行く…進行する。年月が過ぎる。精神的に満ちたりる。

第3章 中学入試レベルの問題に挑戦

答えがわかると
誰かに出題したくなるかもしれません

熟語作り

□に漢字一字を入れて、二字熟語を作りなさい。

①

宝↓
磁→□→炭
↓器

②

拡↓
盛→□→気
↓根

③

集↓
割→□→宿
↓計

④

綿↓
開→□→道
↓火

⑤

好↓
晴→□→下
↓才

⑥

盟↓
君→□→権
↓観

①

宝

↓

磁→**石**→炭

↓

器

②

拡

↓

盛→**大**→気

↓

根

③

集

↓

割→**合**→宿

↓

計

④

綿

↓

開→**花**→道

↓

火

⑤

好

↓

晴→**天**→下

↓

才

⑥

盟

↓

君→**主**→権

↓

観

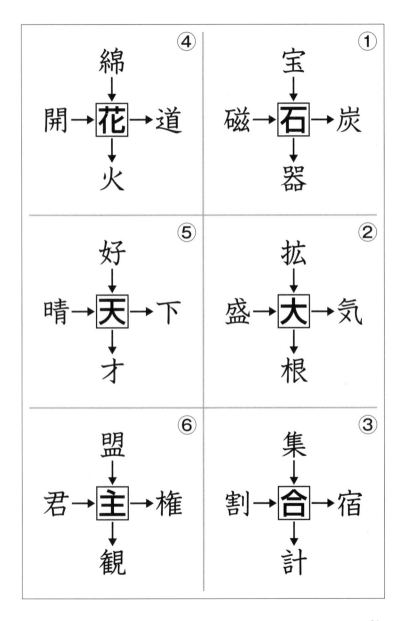

熟語作り

①

先
↓
誕→□→計
↓
産

②

弁
↓
適→□→直
↓
然

③

人
↓
出→□→紅
↓
数

④

応
↓
特→□→流
↓
病

⑤

見
↓
標→□→質
↓
社

⑥

採
↓
特→□→計
↓
団

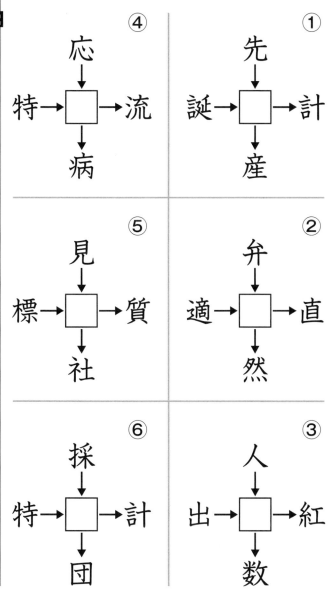

①

先
↓
誕→**生**→計
↓
産

②

弁
↓
適→**当**→直
↓
然

③

人
↓
出→**口**→紅
↓
数

④

応
↓
特→**急**→流
↓
病

⑤

見
↓
標→**本**→質
↓
社

⑥

採
↓
特→**集**→計
↓
団

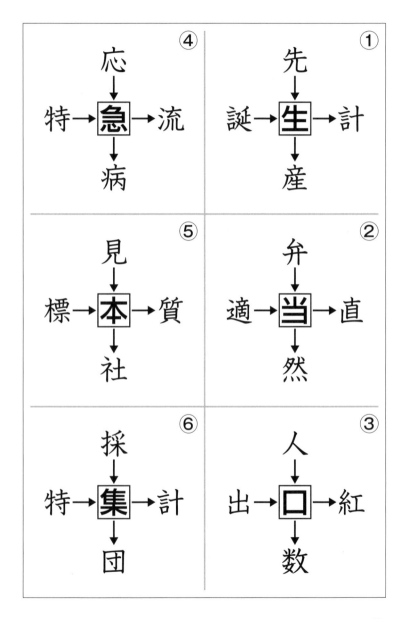

熟語作り

①

格 → □
伝 → □ → 動
□ → 論

②

銀 → □
品 → □ → 進
□ → 列

③

刷 → □
革 → □ → 規
□ → 書

④

音 → □
筆 → □ → 取
□ → 金

⑤

独 → □
出 → □ → 技
□ → 算

⑥

段 → □
集 → □ → 第
□ → 葉

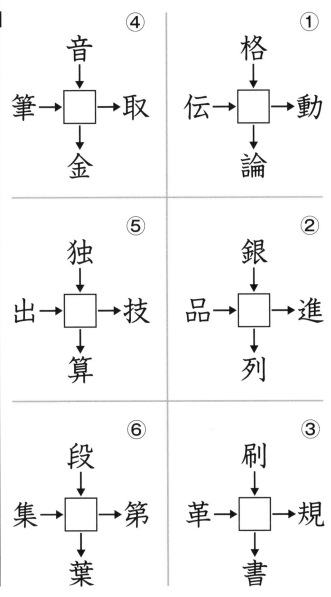

①

格
↓
伝→**言**→動
↓
論

②

銀
↓
品→**行**→進
↓
列

③

刷
↓
革→**新**→規
↓
書

④

音
↓
筆→**頭**→取
↓
金

⑤

独
↓
出→**演**→技
↓
算

⑥

段
↓
集→**落**→第
↓
葉

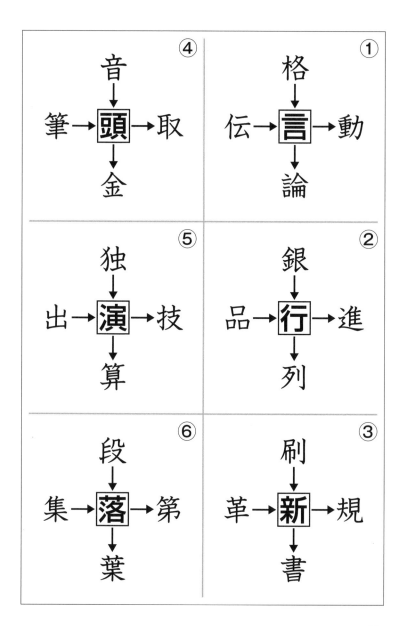

熟語作り

①

活
↓
習→□→幕
↓
画

②

風
↓
空→□→庫
↓
窓

③

進
↓
散→□→道
↓
合

④

会
↓
意→□→物
↓
学

⑤

水
↓
簡→□→敵
↓
顔

⑥

幸
↓
開→□→転
↓
河

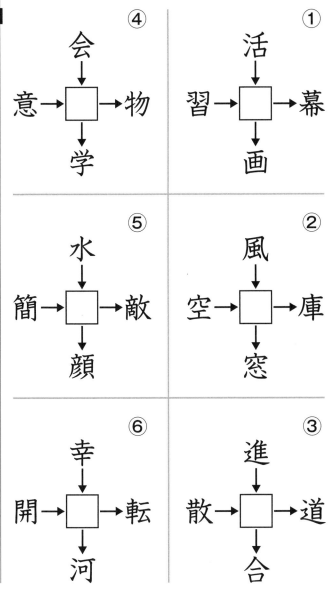

①

活
↓
習→**字**→幕
↓
画

②

風
↓
空→**車**→庫
↓
窓

③

進
↓
散→**歩**→道
↓
合

④

会
↓
意→**見**→物
↓
学

⑤

水
↓
簡→**素**→敵
↓
顔

⑥

幸
↓
開→**運**→転
↓
河

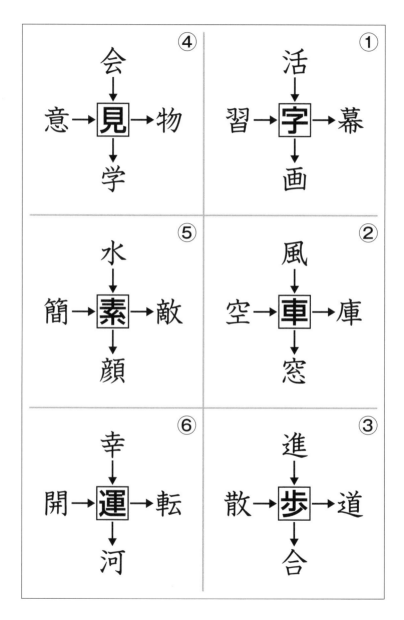

熟語作り

①

境
↓
案→□→定
↓
容

②

通
↓
経→□→激
↓
信

③

農
↓
作→□→族
↓
来

④

治
↓
保→□→心
↓
打

⑤

朝
↓
洗→□→料
↓
色

⑥

武
↓
楽→□→用
↓
官

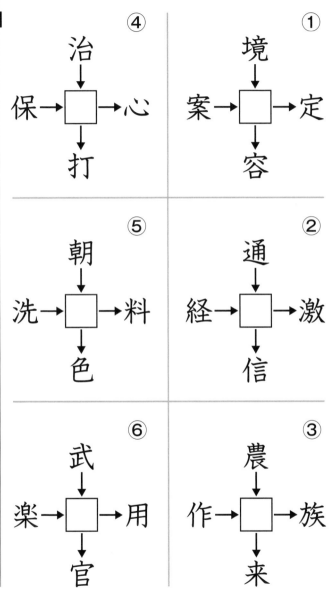

①

境
↓
案→**内**→定
↓
容

②

通
↓
経→**過**→激
↓
信

③

農
↓
作→**家**→族
↓
来

④

治
↓
保→**安**→心
↓
打

⑤

朝
↓
洗→**顔**→料
↓
色

⑥

武
↓
楽→**器**→用
↓
官

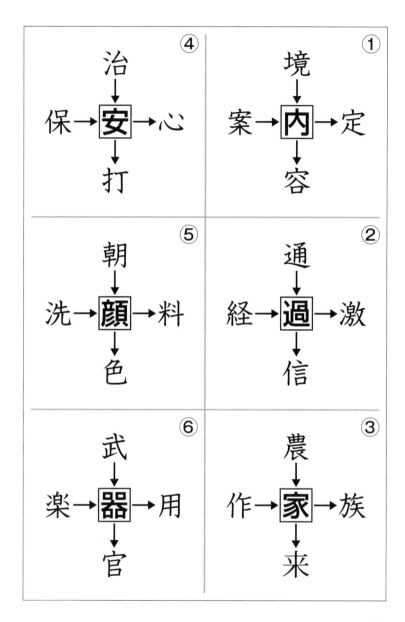

間違い探し

次の文の中から間違った使い方の漢字を見つけなさい。

①孫にも衣装とは、よく言ったものだ。

②罪をいさぎ良く認めなさい。

③やることはやった。人事をつくして天名を待つばかりだ。

④ちょっと調子がいいと、すぐ頭に乗る人がいる。

⑤最近の国民軽視の政治風潮は関心にたえない。

⑥余断を許さない状態だ。

⑦主感だけで物を言ってはいけない。

⑧あの人が同郷とわかって急に身近感がわいてきた。

⑨いざとなれば、電火の宝刀をぬこう。

⑩灯台元暮らしの言葉通り、自分のことはよくわからない。

①
孫にも衣装とは、
馬子
よく言ったものだ。

②
罪をいさぎ良く認めなさい。
潔く

③
やることはやった。人事を
つくして天名を待つばかりだ。
命

④
ちょっと調子がいいと、
すぐ頭に乗る人がいる。
図

⑤
最近の国民軽視の政治風潮は
関心にたえない。
寒

⑥
余断を許さない状態だ。
予

⑦
主感だけで物を
観
言ってはいけない。

⑧
あの人が同郷とわかって
急に身近感がわいてきた。
親

⑨
いざとなれば、
電火の宝刀をぬこう。
伝家

⑩
灯台元暮らしの言葉通り、
下暗し
自分のことはよくわからない。

間違い探し

次の文や四字熟語の中から間違った使い方の漢字を見つけなさい。

① あの人とは馬が会う。

② 同窓生が、一同に会するのは二十年ぶりのことだ。

③ 大学に合格して、有頂点になった。

④ ひいきのチームが、逆点勝ちで優勝した。

⑤ 観用植物を育てる。

⑥ 無我無中

⑦ 大器晩生

⑧ 油断対敵

⑨ 晴天白日

⑩ 臨期応変

①あの人とは馬が~~会~~合う。

②同窓生が、一~~同~~堂に会するのは二十年ぶりのことだ。

③大学に合格して、有頂~~点~~天になった。

④ひいきのチームが、逆~~点~~転勝ちで優勝した。

⑤観~~用~~葉植物を育てる。

⑥無我~~無~~夢中→無我夢中

⑦大器晩~~生~~成→大器晩成

⑧油断~~対~~大敵→油断大敵

⑨~~晴~~青天白日→青天白日

⑩臨~~期~~機応変→臨機応変

間違い探し

次の四字熟語の中から間違った使い方の漢字を見つけなさい。

①朝礼暮改

②一投両断

③短刀直入

④自我自賛

⑤意味深重

⑥温古知新

⑦出所進退

⑧意心伝心

⑨絶対絶命

⑩公平無視

① 朝~~礼~~**令**暮改
↓
朝令暮改

② 一~~投~~**刀**両断
↓
一刀両断

③ ~~短~~**単**刀直入
↓
単刀直入

④ 自~~我~~**画**自賛
↓
自画自賛

⑤ 意味深~~重~~**長**
↓
意味深長

⑥ 温~~古~~**故**知新
↓
温故知新

⑦ 出~~所~~**処**進退
↓
出処進退

⑧ ~~意~~**以**心伝心
↓
以心伝心

⑨ 絶~~対~~**体**絶命
↓
絶体絶命

⑩ 公平無~~視~~**私**
↓
公平無私

四字熟語パズル

次の①～⑥は、上から読んでも左から読んでも四字熟語となっています。
□にあてはまる漢字を答えなさい。同じ漢字を何度使ってもかまいません。

①

	中		医
弱	□	強	□
	□		同
	背		□

②

□	日	□	秋
挙		客	
□		□	
得		来	

③

□	給	□	足
□	■	由	
□	□	□	答
賛		在	

④

公	□	正	□
□			□
□			小
同			異

⑤

□	寒	四	□
日			故
□			□
下			新

⑥

落	□	流	□
	鳥		清
	□		□
	月		魚

①

	中		医
弱	肉	強	食
	中		同
	背		源

②

一	日	千	秋
挙		客	
両		万	
得		来	

③

自	給	自	足
画	■	由	
自	問	自	答
賛		在	

④

公	明	正	大
私			同
混			小
同			異

⑤

三	寒	四	温
日			故
天			知
下			新

⑥

落	花	流	水
	鳥		清
	風		無
	月		魚

四字熟語パズル

①

笑		千	
	差		別
万		化	

②

針			大	
	春			
		進		歩
	和			

③

			日
諸		無	
	雲		茶
	水		

④

	芸		食
病		願	
災		就	

⑤

	風		一
	林		
大			動

⑥

完			
	知		能
		力	
欠			
		球	

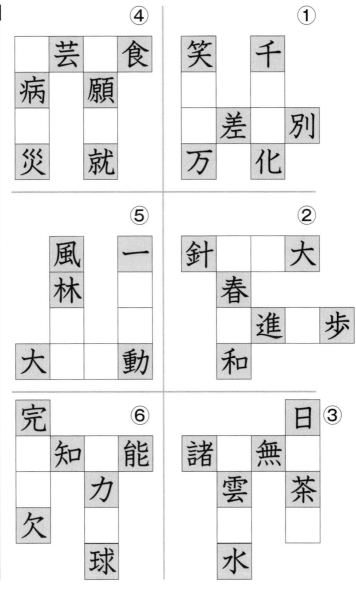

①

笑		千	
止		変	
千	差	万	別
万		化	

②

針	小	棒	大	
	春			
	日	進	月	歩
	和			

③

			日
諸	行	無	常
	雲		茶
	流		飯
	水		

④

無	芸	大	食
病		願	
息		成	
災		就	

⑤

	風		一
	林		挙
	火		一
大	山	鳴	動

⑥

完			
全	知	全	能
無		力	
欠		投	
		球	

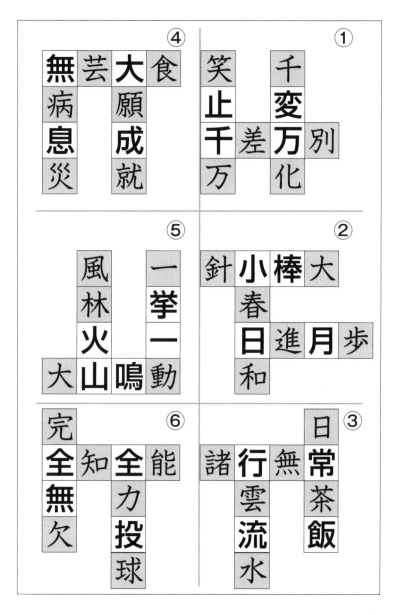

四字熟語パズル

①

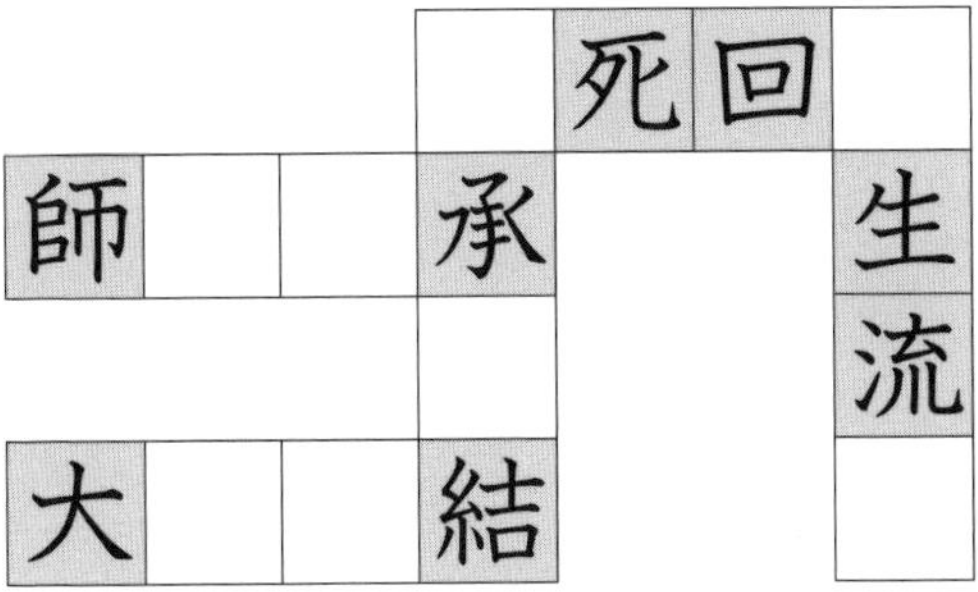

②

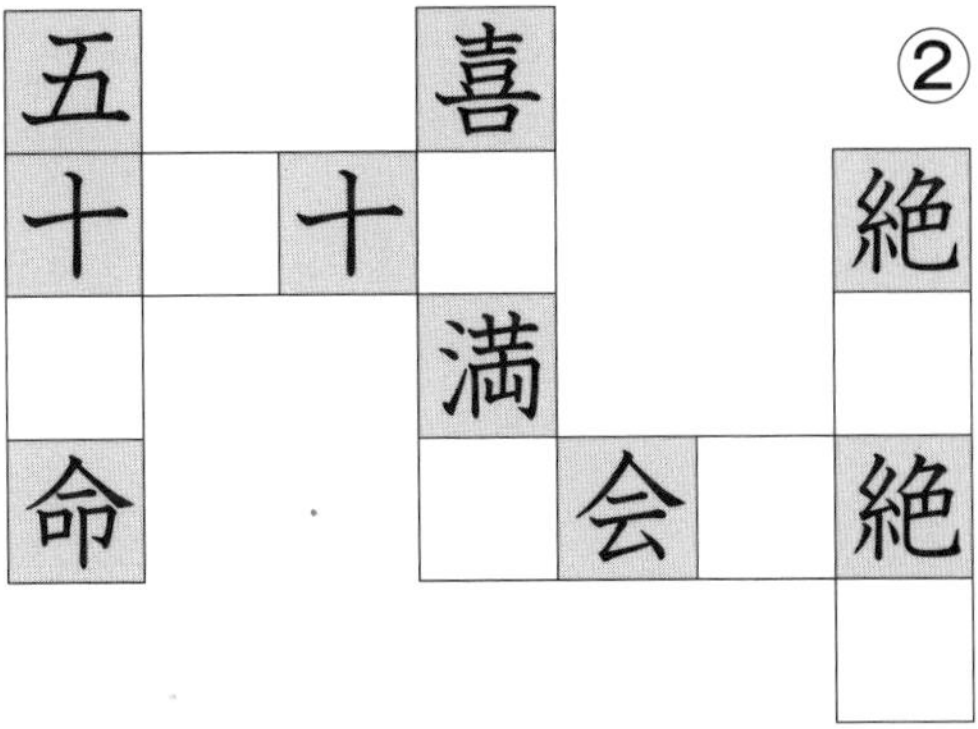

③

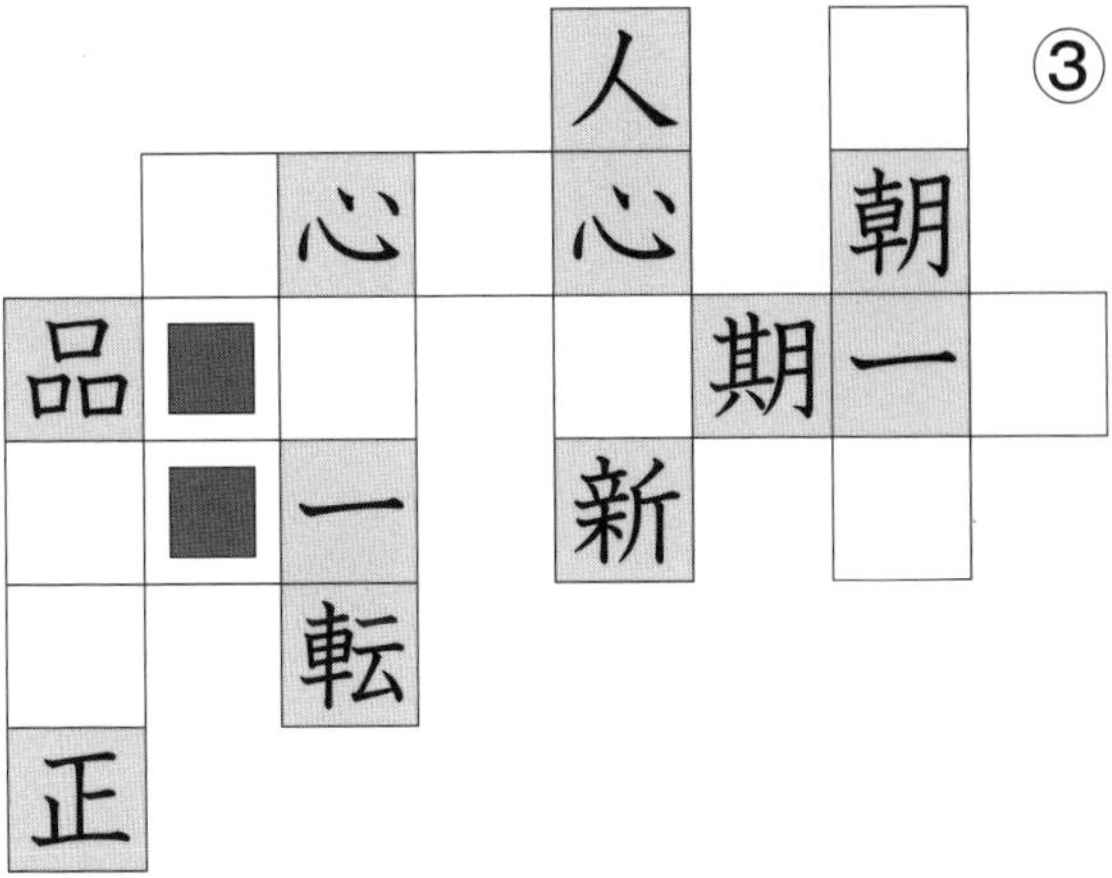

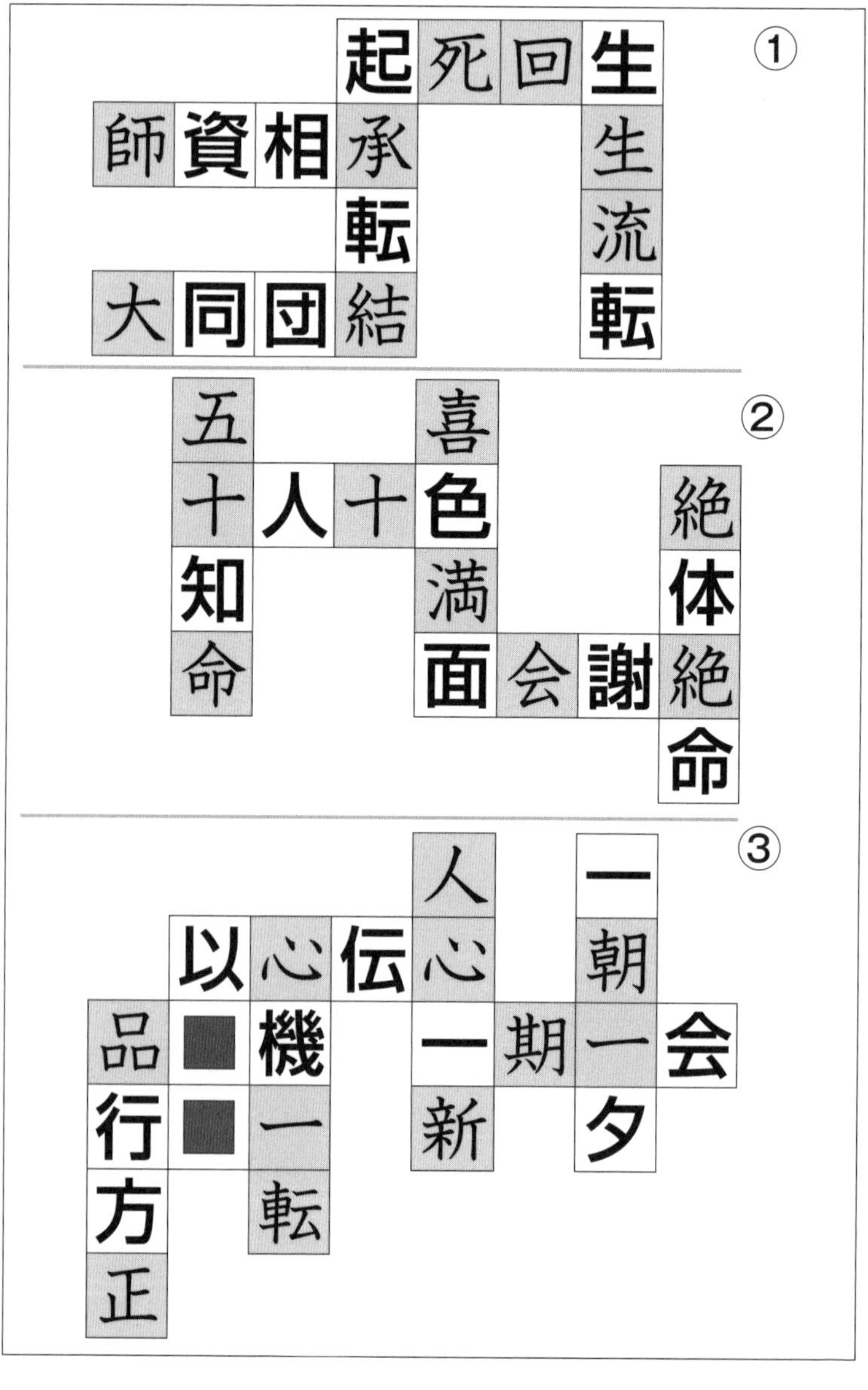
①
起死回生
師資相承
転
生
流
大同団結
転
②
五
喜
十人十色
絶
知
満
体
命
面会謝絶
命
③
人
一
以心伝心
朝
品■機
一期一会
行■一
新
夕
方
転
正

共通する漢字

次の①～⑩の□に共通して入る漢字一字を書きなさい。

① 迷□　弟□　□息

② 真□　果□　□感

③ 学□　質□　□屋

④ 原□　景□　□紙

⑤ 自□　味□　□書

⑥ □場　□案　□身

⑦ □間　□賀　□輪

⑧ □度　□合　□市

⑨ □屋　□数　□言

⑩ □利　□場　□金

①

子 弟 迷
息 **子** **子**

②

実 果 真
感 **実** **実**

③

問 質 学
屋 **問** **問**

④

色 景 原
紙 **色** **色**

⑤

覚 味 自
書 **覚** **覚**

⑥

立 **立** **立**
身 案 場

⑦

年 **年** **年**
輪 賀 間

⑧

都 **都** **都**
市 合 度

⑨

小 **小** **小**
言 数 屋

⑩

砂 **砂** **砂**
金 場 利

共通する漢字

①

本　□　大
□　詞　□

②

平　□　育
□　仏　□

③

選　□　相
□　術　□

④

□　明　□
夜　□　和

⑤

□　空　□
湯　□　夜

⑥

□　□　□
車　化　情

⑦

□　□　□
耳　春　速

⑧

□　□　□
地　管　筆

⑨

□　□　□
論　省　物

⑩

□　□　□
王　将　切

①

本　**名**　大
名　詞　**名**

②

平　**成**　育
成　仏　**成**

③

選　**手**　相
手　術　**手**

④

日　明　**日**
夜　**日**　和

⑤

白　空　**白**
湯　**白**　夜

⑥

風　**風**　**風**
車　化　情

⑦

早　**早**　**早**
耳　春　速

⑧

土　**土**　**土**
地　管　筆

⑨

反　**反**　**反**
論　省　物

⑩

大　**大**　**大**
王　将　切

共通する漢字

①

以　□　□
□　味　退

②

意　□　□
□　画　式

③

人　□　□
□　近　食

④

声　□　□
□　日　星

⑤

秘　□　□
□　石　庫

⑥

□　□　□
綿　魚　刀

⑦

□　□　□
謝　見　末

⑧

興　生　仕
□　□　□

⑨

人　待　本
□　□　□

⑩

□　留　子
備　□　□

①

以	**後**	**後**
後	味	退

②

意	**図**	**図**
図	画	式

③

人	**間**	**間**
間	近	食

④

声	**明**	**明**
明	日	星

⑤

秘	**宝**	**宝**
宝	石	庫

⑥

木	**木**	**木**
綿	魚	刀

⑦

月	**月**	**月**
謝	見	末

⑧

興	生	仕
業	**業**	**業**

⑨

人	待	本
望	**望**	**望**

⑩

守	留	子
備	**守**	**守**

共通する漢字

①

□ □ □
級 足 車

②

□ □ □
世 来 張

③

当 □ □
□ 計 雨

④

部 □ □
□ 銅 身

⑤

市 道 □
□ □ 面

⑥

□ 寒 □
軽 □ 候

⑦

□ 信 □
令 □ 泣

⑧

□ 久 □
泳 □ 足

⑨

□ □ □
代 界 間

⑩

体 □ □
□ 士 説

①

下	下	下
級	足	車

②

出	出	出
世	来	張

③

当	時	時
時	計	雨

④

部	分	分
分	銅	身

⑤

市	道	場
場	場	面

⑥

気	寒	気
軽	気	候

⑦

号	信	号
令	号	泣

⑧

遠	久	遠
泳	遠	足

⑨

世	世	世
代	界	間

⑩

体	力	力
力	士	説

第4章

間違って覚えていませんか？

右か左　どちらが正しいか
ためらわずに選べますか

正しい漢字はどちらでしょう。選びなさい。

訪問　訪門

拡帳　拡張

功績　功積

典形　典型

対象　対像

面密　綿密

往複　往復

収集　集収

見当　見等

正しいのはどちら？

○訪問
訪門

拡帳
○拡張

○功績
功積

典形
○典型

○対象
対像

面密
○綿密

往複
○往復

○収集
集収

○見当
見等

正しいのはどちら？

急救車
救急車

資元
資源

業績
行績

応対
応待

連帯感
連体感

確心
確信

貴重
貴長

比判
批判

待期
待機

急救車　○救急車

資元　○資源

○業績　行績

○応対　応待

○連帯感　連体感

確心　○確信

○貴重　貴長

比判　○批判

待期　○待機

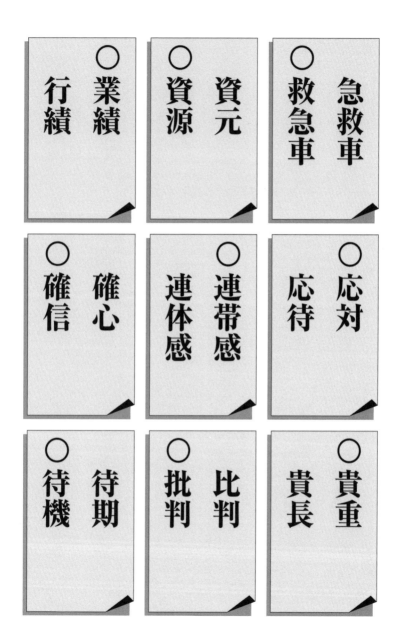

正しいのはどちら？

順備　準備

専門　専問

要領　容領

不始末　不至末

完決　完結

昨今　昨近

就認式　就任式

長口舌　長広舌

親不孝　親不幸

順備
○準備

○要領
容領

○専門
専問

○不始末
不至末

完決
○完結

○昨今
昨近

就認式
○就任式

長口舌
○長広舌

○親不孝
親不幸

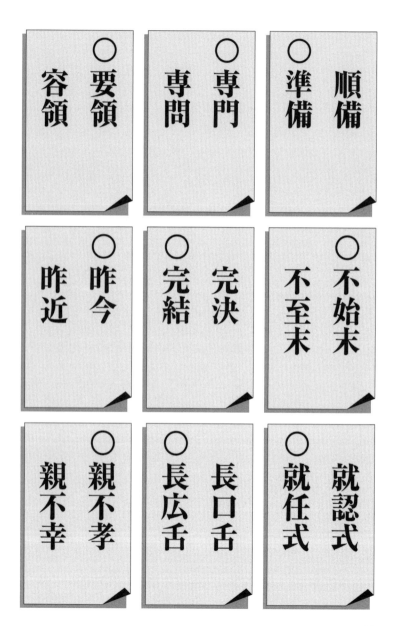

正しいのはどちら？

相言葉　合言葉

観病　看病

気安め　気休め

貯水池　貯水地

名朗　明朗

復雑　複雑

処世術　処生術

物色　物食

自論　持論

相言葉
○合言葉

観病
○看病

気安め
○気休め

○貯水池
貯水地

名朗
○明朗

復雑
○複雑

○処世術
処生術

○物色
物食

自論
○持論

正しいのはどちら？

神聖　神清

補護　保護

親味　親身

検悪　険悪

工夫　工風

尊族　尊属

群生　郡生

切半　折半

温好　温厚

○

神聖

神清

○

補護

保護

○

親味

親身

○

検悪

険悪

○

工夫

工風

○

尊族

尊属

○

群生

郡生

○

切半

折半

○

温好

温厚

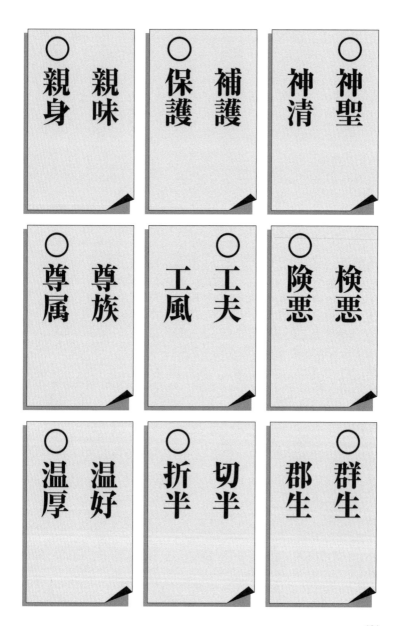

正しいのはどちら？

無中　夢中

善後策　前後策

動行　動向

解毒　下毒

不可決　不可欠

等身大　当身大

便乗　便上

定石　常石

難航　難交

無中
○ 夢中

○ 善後策
前後策

動行
○ 動向

○ 解毒
下毒

不可決
○ 不可欠

○ 等身大
当身大

○ 便乗
便上

○ 定石
常石

○ 難航
難交

第5章

どこまで読めますか？

ジャンル別編
発展編

ふだん使わない言葉もあるので
雑学クイズのつもりで挑戦

食べ物・飲み物

大豆　石首魚　大角豆　心太

海松貝　団子　人参　木通

重湯　竹輪　水団　雪花菜

包子　春雨　章魚　明日葉

食べ物ですよ

だいず
★マメ科の一年草。豆腐や味噌の原料。若い種子をゆでたのが枝豆。おおまめとも読む。

みるがい
★海藻のミル（海松・水松）を食べるように見えるところから。水管をすし種にする。水松貝とも書く。

おもゆ
★多量の水で炊いた粥の上澄みの液。病人・幼児などに食べさせる。

パオズ
★野菜や肉、あんなどを包んで蒸した中華まんじゅう。

いしもち
★ニベ科の海水魚。頭に大きな耳石を持つことに由来。石持とも書く。

だんご
★穀類の粉などをこねて丸め、ゆでたり、蒸したりした食べ物。

ちくわ
★魚肉のすり身を焼いた食べ物。切り口が竹の輪に似ていることから。

はるさめ
★デンプンから作る、透き通った麺状の食品。

ささげ
★マメ科の一年草。種子や若いさやを食用にする。豆は小豆に似ている。

にんじん
★ほうれん草と並ぶ緑黄色野菜の代表。黄赤色の根や若葉を食べる。

すいとん
★小麦粉の団子を汁に入れて、煮込んだ食べ物。

たこ
★吸盤のついた八本の脚を持つ軟体動物。マダコ、イイダコなどの総称。食用。蛸とも書く。

ところてん
★テングサなどから作った食品。辛子醤油や酢などで食べる。こころぶとも読む。

あけび
★春に薄い紫色の花が咲き、秋に楕円形で淡紫色の実をつける。もくつうとも読む。

おから
★豆乳を絞った後の絞りかす。料理するとき切らないので「きらず」とも言う。豆腐がらとも。

あしたば
★セリ科の多年草。名は、摘んでも翌日には新しい葉が出ることにちなむ。

食べ物・飲み物

最中

食べ物ですよ

若布

老酒

独活

小豆

白湯

山女

点心

納豆

半片

明太子

間八

店屋物

強飯

加薬

麦酒

もなか
★二枚の皮の間にあんを詰めた和菓子。最中の月(満月)に似ている形に由来。他の読み方もある。

あずき
★マメ科の一年草。種子をあん・菓子・赤飯などに使う。しょうずとも読む。

なっとう
★蒸した大豆に納豆菌を加えて、発酵させた食品。粘って糸を引くのが特徴。

てんやもの
★飲食店から取り寄せるめん・丼・寿司などの食べ物のこと。

わかめ
★コンブ目の海藻。外海の浅い所に生える。食用。塩蔵か乾燥させたものが多い。和布とも書く。

さゆ
★水を沸かしただけで何も混ぜない湯。素湯とも書く。はくとう、しらゆとも読む。

はんぺん
★すりつぶした魚肉にヤマイモなどを加え、蒸した練り製品。半平とも書く。はんぺいとも読む。

こわいい
★米をこしきで蒸した飯。糯米を蒸した物。おこわ。赤飯。こわめしとも読む。ごうはんは別の意味。

ラオチュー
★紹興酒など中国の醸造酒の総称。もち・あわなどを原料とする。ろうしゅとも読む。

やまめ
渓流に棲む陸封種のサクラマス。体の側面に黒い斑点がある。ヤマベともいう。山女魚とも書く。

めんたいこ
★スケトウダラの卵巣。一般に、塩蔵し唐辛子に漬けたもの。九州の特産物として有名。

かやく
★薬味。関西では、五目飯やうどんなどに入れる具や種。

うど
★ウコギ科の多年草。若芽を食用にする。ウドの大木というが木ではなく草。どっかつとも読む。

てんしん
★中国料理で食事代わりの軽い食べ物や、食後の菓子・茶菓子。てんじんとも読む。

かんぱち
★ブリの仲間。夏場の寿司ネタ。名は、頭部の八の字模様に由来。別名アカバナなど。

ビール
★大麦の麦芽にホップなどを加え、発酵させたアルコール飲料。ばくしゅとも読む。

天気・自然現象

雪気

望月

朝月夜

小雨

十六夜

十五夜が満月なら…

白雨

温気

村雨

不知火

東雲

私雨

時雨

時化

梅雨

麦秋

氷雨

ゆきげ
★今にも雪が降りそうな空の様子。雪が降りそうな気配。

いざよい
★陰暦十六日の夜。十六日の月の略。満月の翌日、少し遅く出る月。じゅうろくやとも読む。

しらぬい
★夜間、海上で多くの光がゆらめく現象。有明や八代(やつしろ)が有名。

しけ
★風雨がひどく海が荒れること。そのために魚が捕れないこと。不景気。

↑↓凪(なぎ)

もちづき
★陰暦十五夜の月。満月。特に、陰暦八月の十五夜の月。ぼうげつとも読む。

はくう
★夏の午後、明るい空から降る激しい雨。雷を伴うことが多い。夕立。

しののめ
★夜明けの、東の空がわずかに明るく白んでくるころ。あけぼの。とううんとも読む。

つゆ
★六月から七月にかけて降る長雨。また、そのころの季節。ばいうとも読む。

あさづくよ
★月が残っている明け方。または、明け方まで残っている月。あさづきよとも読む。

うんき
★暖かな空気。特に、むんむんする蒸し暑い空気。おんきとも読む。

わたくしあめ
★狭いところに突然降る雨。特に、麓が晴れていて、山の上だけに降る雨。箱根・丹波などが有名。

ばくしゅう
★麦が実り収穫を迎える季節。初夏のころ。むぎあきとも読む。

こさめ
★小降りの雨。または、細かい雨。しょうう、こあめとも読む。

↑↓大雨

むらさめ
★ひとしきり降ってやむ雨。にわか雨。むら気な雨の意。群雨とも書く。

しぐれ
★晩秋から初冬にかけて、降ったりやんだりする小雨。じうとも読む。

ひさめ
★秋の冷たい雨。または、ひょうやあられ。

天気・自然現象

真風　秋入梅　追風　氷面鏡

麦雨　日向　空梅雨　風花

白南風　細雪　白夜　野分

細波　東風　日照雨　雪消

まじ

★南、または南寄りの風。主に西日本の沿岸でいう。まぜともいう。

ばくう

★麦が実り収穫を迎えるころに降る雨のこと。五月雨。

しらはえ

★梅雨が明けるころに吹く南風。しろはえとも読む。⇅梅雨の初めに吹くのは黒南風(くろはえ)。

さざなみ

★水面に立つ細かい波。さざれなみ、さざらなみとも読む。小波とも書く。

あきついり

★秋の長雨。また、その時期に入ること。ついりは梅雨入りの転。

ひなた

★日光が当たっているところ。ひむかい、ひゅうがは別の意味。⇅日陰

ささめゆき

★細かく降る雪。また、谷崎潤一郎の小説。

こち

★東から吹いてくる風。特に、春に吹くもの。菅原道真の歌でも有名。ひがしかぜ、とうふうとも読む。

おいて

★進行方向に後ろから吹いてくる風。順風。おいかぜとも読む。⇅向かい風。逆風。

からつゆ

★梅雨に、ほとんど雨が降らないこと。照り梅雨。

びゃくや

★高緯度地方で、夏、日没後も薄明りが朝まで続くこと。また日が沈まないこと。はくやとも読む。

そばえ

★他は晴れているのに、ある所だけに降る雨のこと。ひでりあめとも読む。

ひもかがみ

★氷の張った表面が鏡のようになっていること。冬の季語。

かざはな

★冬の晴れた日に、花びらが舞うようにちらつく雪。かざばなとも読む。

のわき

★秋から初冬の強い風。特に、二百十日、二百二十日前後の台風。のわけとも読む。

ゆきげ

★雪が解けること。春の季語。雪解け水。雪解とも書く。

植物

紅花

山査子

弱竹

百合

病葉

万年青

寄生木

庭常

雨久花

公孫樹

山茶

土当帰

山茶花

鉄線

秋桜

五加

べにばな

★アザミに似た黄赤色の花。種子からは良質の油がとれる。こうかは別の意味。

さんざし

★バラ科の落葉小低木。春、白い花をつける。実は整腸薬となる。

なよたけ

★細くてしなやかな竹。若竹。女竹(めだけ)。なゆたけとも読む。

ゆり

★白や黄・赤紫色などの花が特徴。園芸品種が多い。

わくらば

★病気等で変色した葉。夏に赤や黄色に色づいている葉を指すことが多い。

おもと

★ユリ科の常緑多年草。葉は厚くて細長く、実は赤い。まんねんせいとも読む。

やどりぎ

★落葉樹上に寄生する常緑樹。また、他の木に寄生する草木。宿木とも書く。

にわとこ

★春、枝先に緑白色の花をつける。花や枝葉は薬用。接骨木とも書く。

みずあおい

★水田や湿地に自生する。九〜十月ごろ、青紫色の花をつける。水葵とも書く。

いちょう

★扇形の葉が、秋に黄葉する。種子はぎんなんとして食す。銀杏とも書く。こうそんじゅとも読む。

つばき

★ツバキ科の常緑木。葉は光沢があり、春に五弁の花を開く。種子から椿油をとる。さんちゃとも読む。

のだけ

★セリ科の多年草。山野に自生する。約一メートル、根は漢方薬になる。野竹とも書く。

さざんか

★ツバキ科の常緑小喬木。晩秋、白、または赤の花をつける。さんざか、さんさかとも読む。

てっせん

★クレマチス。夏に、白や紫色の大形の花をつける観賞用の植物。

コスモス

★キク科の一年草。秋に、白色や紅色の花が咲く。あきざくらとも読む。

うこぎ

★ウコギ科の落葉低木。幹にとげがある。根の皮は五加皮(ごかひ)と呼ばれ強壮薬になる。ごかとも読む。

生き物

旗魚　海象　天牛　黄金虫

柳葉魚　波布　落し文　茶立虫

岩魚　河馬　目高　歩行虫

勇魚　水馬　告天子　天道虫

かじき
★マカジキ、メカジキなどの総称。角のような上あごが特徴。梶木とも書く。

ししゃも
★アイヌ語のススハム(柳の葉の意)が由来。秋に北海道の太平洋沿岸の河川に上って産卵する。

いわな
★清冷な渓流を好むサケ科の淡水魚。渓流釣りの魚として珍重される。キリクチ。嘉魚とも書く。

いさな
★くじらの古称。なぜか、小さな魚や雑魚も「小魚(いさな)」という。鯨とも書く。

せいうち
★北極海に棲む、二本の長い牙を持つ海獣。海馬とも書く。かいぞうとも読む。

はぶ
★淡灰褐色で黒褐色の斑紋がある、毒蛇。奄美・沖縄諸島に分布。

かば
★アフリカの川や湖・沼などに棲む哺乳類。大きな口が特徴。

あめんぼ
★細く長い脚を水面に突っ張って素早く動く昆虫。あめんぼうともいう。

かみきりむし
★細い体に長い触角を持つ甲虫。髪切虫とも。幼虫を鉄砲虫という。てんぎゅうとも読む。

おとしぶみ
★甲虫の一種。木の葉を巻いて巣を作り、中に産卵した後切り落とす。落書とも書く。

めだか
★小川や池・水田などに生息する魚。戦後、生息域や生息量が減少。

ひばり
★畑や河原に棲む。空高く舞い上がりよくさえずる。雲雀とも書く。こく(う)てんしとも読む。

こがねむし
★背面が丸く盛り上がり、金属のような光沢をもつ甲虫。金亀子とも書く。

ちゃたてむし
★シャシャシャと音をたてるのが、茶を点てる音に似ているという。茶柱虫とも書く。

おさむし
★飛べないが、敏速に歩行。色がきれいなため昆虫愛好家の人気が高い。

てんとうむし
★テントウムシ科の昆虫の総称。半球形で赤や黒の斑点がある。

冠婚葬祭

初産　子生婦　宮司　通夜

産声　友志良賀　祝詞　読経

元服　家内喜多留　高砂　供花

結納　勝男武士　水引　黄泉

ういざん
★初めて子どもを産むこと。しょざん、はつざんとも読む。

うぶごえ
★赤ん坊が生まれて初めてあげる声。

げんぷく
★奈良時代以降の、男子が成人したときに行われる儀式。げんぶくとも読む。

ゆいのう
★婚約が成立したしるしに、花婿側と花嫁側で金品を取り交わすこと。

こんぶ
★昆布。結納品に用いる。「よろこぶ」に通じる縁起物。子孫繁栄の象徴。

ともしらが
★「共に白髪になるまで暮らせるように」と白髪に見立てた白い麻糸。共白髪とも書く。

やなぎだる
★祝い酒。最近では、酒肴料として現金にすることもある。柳樽とも書く。

かつおぶし
★鰹節。男らしさを象徴する結納品。

ぐうじ
★神社で、祭祀（さいし）などを行う者の長。みやづかさ、みやつかさとも読む。

のりと
★儀式などで、神に祈るために、神前で読み上げる古体の言葉。しゅくし、しゅうしとも読む。

たかさご
★能の演目の一つ。婚礼などの祝儀で謡われる。

みずひき
★こよりを糊で固めた飾りひも。贈り物の用途に応じた色や結び方がある。

つや
★死者を葬る前に、家族や知人が集まって、死者とともに終夜過ごすこと。つうやとも読む。

どきょう
★経文を声に出して読むこと。どっきょうとも読む。
◆僧侶の～が響く。

くげ
★死者や仏様にそなえる花。供華とも書く。くうげ、きょうかとも読む。

よみ
★死後、魂が行くとされている所。冥土。こうせんとも読む。
◆～の国。

人・体・病気

良人

優男

女将

上背

宿六

指物師

商人

「しょうにん」とも読みますが…

火傷

刀自

海女

三里

発作

再従兄弟

薬師

「やくし」とも読みますが…

黒子

歯周病

おっと
★結婚している男女のうち、男性を指す言葉。夫とも書く。りょうじん、りょうにんとも読む。

やどろく
★宿のろくでなしの意。妻が夫を軽んじたり、親しんだりしていう言葉。

とじ
★一家の家事を取り仕切る主婦。昔は、貴族に仕えて家事を行う女性のこと。とうじとも読む。

はとこ
★いとこの子ども同士の関係。またいとこ。再従姉妹とも書く。

やさおとこ
★姿かたち、または、性格が優しい男。風雅な男や柔弱な男もこう呼ぶ。

さしものし
★板をさしあわせて家具や障子などの道具を作る人。

あま
★海に潜り、貝や海藻などをとるのを仕事とする女性。男性は海人(あま)。

くすし
★医者。くすしは、くすりしから変化した語。やくしは別の意味。

おかみ
★旅館・料理屋などの女主人。じょしょうとも読む。
◆名物〜の宿。

あきんど
★商いを仕事としている人。あきゅうど、あきうど、あきびととも読む。

さんり
★膝頭やひじの約三寸下にあるという灸のつぼ。足の三里は万病に効能があるという。

ほくろ
★皮膚にある黒褐色の斑。演劇の「くろこ」は、黒衣と書くことが多い。こくしとも読む。

うわぜい
★背丈。身長。
◆「〜がある」で身長が高いの意。

やけど
★火や熱湯などの熱によって、皮膚がダメージを受けること。かしょうとも読む。

ほっさ
★急に病気の症状が起きること。ふつうはすぐに治まる。
◆喘息の〜。

ししゅうびょう
★歯槽膿漏(しそうのうろう)や歯肉炎など、歯の周りの病気の総称。

住居・建築

折ぎ板

校倉

上物

階

「かい」ではなく…

築山

枝折戸

内法

入母屋

破風

内裏

台

「だい」とも読みますが…

駅

「えき」ではなく…

築地

魚河岸は「つきじ」ですが…

陸屋根

母屋

法面

へぎいた

★杉またはヒノキなどの材木を薄くはいだ板。へぎいたを使って折箱が作られる。

つきやま

★庭園に山をかたどって、土や石などを小高く盛り上げたところ。

はふ

★日本建築で、屋根の切妻についている合掌形の装飾板。

◆反り〜。切妻〜。

ついじ

★土塀の上に瓦などで屋根を葺いたもの。築地塀。ついきじは別の意味。

あぜくら

★断面が三角などの木材を井桁状に積み重ねて壁を造った、倉の一様式。

しおりど

★竹や木の枝などを折って造った、簡素な開き戸。柴折戸とも書く。

だいり

★宮中。御所。内裏雛の略。「お内裏さま」は天皇・皇后をかたどった人形の意味。うちうらは別の意味。

ろくやね

★傾斜のほとんどない、水平に近い屋根。陸（ろく）は水平、平坦の意味。りくやねとも読む。

うわもの

★不動産売買で、土地の上に建っている建物を表す。じょうものは別の意味。

うちのり

★向き合った二本の柱の面から面までの距離。または、敷居と鴨居との間の距離。ないほうとも読む。

うてな

★四方を眺めるためだけに造られた高い建物。高楼。だいは別の意味。

おもや

★家屋敷の中心になる建物。母家、主屋とも書く。

◆〜に出入りする。

きざはし

★階段。段階とも書く。きだはしとも読む。

◆石の〜。

いりもや

★屋根の一形式。上部は二方へ、下方は四方へ勾配をもつもの。寺院に多い。

うまや

★律令制における設備。旅人の便のために、馬や人夫を備えていた所。

のりめん

★盛り土などでできた人工的に造られた斜面。のりづらとも読む。

道具・単位

行灯

火屋

文箱

打
「だ」ではなく…

束子

文机

石
「いし」ではなく…

炭団

米
長さの単位です

円座

刷毛

徳利

松明

入
染色のときに…

曲尺

行火

あんどん
★木などの枠に薄紙を貼り、中に油皿を入れ火を灯した照明具。あんどうとも読む。

たわし
★ワラや合成樹脂などを束ねて土や汚れなどをこすり取る用具。

メートル
★長さの単位。記号m。光が真空中を一定時間に進む長さが基準となる。平米でへいべいとも読む。

たいまつ
★脂の多い松また竹、枯れ草を束にして燃やす灯火。焚松（たきまつ）が語源。しょうめいとも読む。

ほや
★ガス灯やランプなどの、火をおおうための筒のこと。ガラス製。火舎とも書く。

ふづくえ
★書物をのせる机。また読書に用いる机。ふみづくえとも読む。

わろうだ
★ワラなどを円く平らに組んだ敷物。藁蓋とも書く。えんざ、わらふたとも読む。

しお
★布を染めるとき、染料に浸す度数を数えるのに用いる。

ふばこ
★書状などを入れる箱。また書状を運ぶための細長い箱。ふみばことも読む。

こく
★主に穀物を量るのに用いる、体積の単位。

はけ
★獣毛などを束ね柄に植えつけたもの。のりづけやペンキ塗りなどに用いる。刷子とも書く。

かねじゃく
★建築や木工で使う直角に曲がった金属製の物差し。きょくしゃくとも読む。

ダース
★数量の単位。（同じ種類の）12個のものを一組とする。
◆賞品は鉛筆一～。

たどん
★木炭・石炭の粉末を丸めて作った固形燃料。行火などで使用。

とっくり
★酒などの液体を入れるための、口のすぼんだ細長い高さのある器。とくりとも読む。

あんか
★炭火を入れ手足を温める道具。床の中に入れるほか、こたつとして用いた。

歴史

犬公方　民部　評定所　参勤交代

石直し　国造　参内　札差

大連　上知令　外様大名　中務省

地頭　直参　防人　太政官

いぬくぼう

★五代将軍徳川綱吉のこと。生類憐みの令を発令したことから。

こくなおし

★検地によって、土地の石高を改めることをいう。石改めともいう。◆天正の～。

おおむらじ

★大和朝廷の最高政務担当官の称。大伴・物部氏が世襲。物部氏滅亡で消滅。だいれんは別の意味。

じとう

★平安時代、年貢の取り立てと土地管理を任された。後に荘園の管理で権力を持つようになった。

かきべ

★大和朝廷において豪族が私有した民の総称。かきのたみとも読む。みんぶは別の意味。

くにのみやつこ

★古代の地方官。大化の改新後は、郡司は行政に、国造は祭祀に関与した。こくぞうとも読む。

あげちれい

★一八四三年、江戸・大坂の近辺の知行地を幕府に返上させた政策。

じきさん

★主君に直接仕えることをいう。とくに江戸時代の旗本・御家人を指す。

ひょうじょうしょ

★鎌倉時代、評定衆（幕府の最高議決機関）が審議を行った役所。

さんだい

★宮中に参上すること。天皇の御所を内裏（だいり）と呼ぶことから。

とざまだいみょう

★譜代の家臣ではない大名。主に関ヶ原の合戦以降、徳川家に服従した大名。

さきもり

★古代、大陸からの侵入に備え、筑紫・壱岐・対馬などに派遣された兵士。ぼうじんとも読む。

さんきんこうたい

★諸大名を一年交代で江戸と領地に居住させる制度。一六三五年に制度化された。

ふださし

★江戸時代、旗本、御家人に代わり、蔵米の受け取り、換金を行った請負商人。

なかつかさしょう

★律令制下の八省の一つ。天皇の側で詔勅の審署、国史の監修などを担う。なかのつかさとも読む。

だいじょうかん

★律令制の国政最高機関。左大臣、右大臣、大納言などで構成された。だじょうかんとも読む。

想像上・歴史上の人物

毛利元就　真田幸村　山部赤人　足利尊氏

由比正雪　支倉常長　千利休　日本武尊

十返舎一九　小野妹子　高師直　銭形平次

本居宣長　四方赤良　間宮林蔵　大石主税

もうりもとなり

★戦国武将。中国地方一帯を手中に収めた。「三本の矢」の教えで有名。

ゆいしょうせつ

★江戸初期の軍学者。倒幕を企てたが、発覚し自刃。由井正雪とも。

じっぺんしゃいっく

★江戸時代後期の戯作者。『東海道中膝栗毛』など。

もとおりのりなが

★江戸時代の国学者。『古事記伝』『玉勝間』などを著す。

さなだゆきむら

★安土桃山時代の武将。豊臣方に属し夏の陣で戦死。「真田十勇士」の将。

はせくらつねなが

★江戸初期の仙台藩士。一六一三年伊達政宗の命で渡欧した。

おののいもこ

★飛鳥時代の官人。遣隋使として隋へ派遣された。

よものあから

★大田南畝（なんぽ）の狂歌名。江戸後期、文人・狂歌師として活躍。

やまべのあかひと

★奈良時代の歌人。三十六歌仙の一人。万葉集の「田子の浦ゆ」の歌は有名。

せんのりきゅう

★安土桃山時代の茶人。茶道の大成者。織田信長、豊臣秀吉に重用された。

こうのもろなお

★南北朝時代の武将で、足利尊氏の執事。『仮名手本忠臣蔵』にも登場。

まみやりんぞう

★江戸後期の探検家。幕府の命で樺太を探検。間宮海峡に名を残す。

あしかがたかうじ

★室町幕府の初代将軍。鎌倉幕府を倒して室町幕府を開き、征夷大将軍に。

やまとたけるのみこと

★古代日本の伝説上の英雄。景行天皇の皇子。倭建命とも書く。

ぜにがたへいじ

★野村胡堂の小説『銭形平次捕物控』の主人公。映画やテレビで人気に。

おおいしちから

★赤穂浪士の一人。大石内蔵助（良雄）の長男。討ち入りの後門の隊長。

想像上・歴史上の人物

林子平　軍木五倍二　関孝和　役行者

円山応挙　馬加常武　道鏡　額田王

鳴神上人　行基　大石内蔵助　源実朝

岩倉具視　平手造酒　平将門　法然

はやししへい
★江戸中期の経世家。仙台藩に仕え『海国兵談』などを著した。

まるやまおうきょ
★江戸中期の画家。円山派の祖。写実、遠近法を取り入れ新様式を確立した。

なるかみしょうにん
★歌舞伎十八番の一つ『鳴神』の主人公。竜神を封じ干ばつを招く。

いわくらともみ
★公家・政治家。朝廷における倒幕運動の中心。明治政府の中枢に入る。

ぬるでごばいじ
★滝沢馬琴の『南総里見八犬伝』の登場人物の一人。

まくわりつねたけ
★『南総里見八犬伝』の登場人物。千葉実胤の重臣。

ぎょうき
★奈良時代の僧。諸国を巡り教化や社会事業に尽くし、行基菩薩と慕われた。

ひらてみき
★浪人。江戸の剣客。後に浪曲『天保水滸伝』に脚色された。

せきたかかず
★江戸時代の数学者。和算の発展に貢献。後に算聖と呼ばれる。

どうきょう
★奈良時代の僧。称徳天皇の信頼を得て法王にまで任ぜられる。

おおいしくらのすけ
★大石良雄。赤穂浅野家家老。赤穂浪士の頭領。『忠臣蔵』で名高い。

たいらのまさかど
★平安中期の武将。下総に勢力を振るい新皇と称し、関東の分国化を目指す。

えんのぎょうじゃ
★奈良時代の山岳修行者。修験道の開祖。役小角(えんのおづの)ともいう。

ぬかたのおおきみ
★七世紀の女流万葉歌人。万葉集に短・長歌を残す。

みなもとのさねとも
★鎌倉幕府三代将軍。歌人。頼朝の二男。家集『金槐和歌集』がある。

ほうねん
★平安末期から鎌倉初期の僧。浄土宗を開く。専修念仏を説く。

近現代の人物

西条八十　倉田百三　森有礼　小泉八雲

泉鏡花　円谷英二　原敬　幸徳秋水

国木田独歩　米内光政　志賀潔　種田山頭火

前島密　折口信夫　北原白秋　竹久夢二

さいじょうやそ ★詩人。詩集『砂金』『一握の瑠璃』など。童謡や歌謡曲の作詩も。	**いずみきょうか** ★明治・大正・昭和の小説家。『高野聖』『婦系図』『歌行灯』など。	**くにきだどっぽ** ★明治の小説家・詩人。『牛肉と馬鈴薯』『武蔵野』など。	**まえじまひそか** ★日本の近代郵便制度の創設者。切手、郵便ポストの設置など。
くらたひゃくぞう ★大正・昭和の劇作家。戯曲『出家とその弟子』など。満州事変頃から右傾。	**つぶらやえいじ** ★特撮・映画監督。『ゴジラ』『ウルトラマン』など。日本の特撮映画の礎。	**よないみつまさ** ★海軍軍人・政治家。一九四〇年首相。戦後、敗戦処理に力を尽くす。	**おりくちしのぶ** ★国文学者。日本の民俗学を主導した。歌人としても名高い。
もりありのり ★政治家。第一次伊藤博文内閣の文相として、教育制度の整備に尽力。	**はらたかし** ★明治・大正の政治家。一九一八年最初の政党内閣を組織。東京駅で刺殺。	**しがきよし** ★細菌学者。志賀赤痢菌を発見。結核その他の研究、教育に尽力。	**きたはらはくしゅう** ★詩人・歌人。歌集『思ひ出』など。『からたちの花』など童謡も多い。
こいずみやくも ★ラフカディオ・ハーン。文学者。『東の国から』『怪談』など。	**こうとくしゅうすい** ★高知県生まれ。社会主義者。中江兆民の教えを受ける。一九一〇年大逆事件で逮捕。翌年死刑。	**たねださんとうか** ★俳人。山口県生まれ。荻原井泉水に師事し後に出家。自由律の句を詠む。	**たけひさゆめじ** ★画家・詩人。雑誌の挿し絵画家としてスタート。『宵待草』の作詞者としても知られる。

スポーツ・遊び

飯事
速歩
物見遊山
両差

竹刀
弓場
地口
博打

定石
常歩
貝独楽
手数入り

面子
十手
角力
物日

ままごと
★炊事や食事など、子どもが家庭生活のまねをする遊び。ままごと遊び。

しない
★剣道のけいこに用いる割り竹で作った刀。しない竹が語源とも。ちくとうとも読む。

じょうせき
★囲碁で、両者に最善とされる決まった打ち方。決まったやり方。将棋の指し方は「定跡」と書く。

めんこ
★絵などのついた厚紙を、地面に置いた相手の厚紙に打ち当てて返す遊び。めんつは別の意味。

はやあし
★馬の歩き方の一つ。分速二一〇メートル程度。早足とも書く。そくほとも読む。

ゆば
★弓を練習する場所。弓庭(ゆにわ)とも。ゆみばとも読む。

なみあし
★馬の歩き方で最も遅いもの。人が歩く速度より少し速い。並足とも書く。じょうほとも読む。

じって
★江戸時代の捕物道具。鉄などの棒の手元に鉤をつけて刀を防ぐ。

ものみゆさん
★あちこち見物したり、野山に遊んだりすること。
◆〜にでかける。

じぐち
★舌切り雀と語呂の似た「着たきり雀」のように、ことわざ等をもじったしゃれ。

べいごま
★元は巻き貝に鉛をとかし入れて作った。今は鉄製や木製など。ばいごまとも読む。

すもう
★相撲とも書く。土俵上で締込み姿の力士が素手で闘う。日本の国技。

もろざし
★相撲で、相手の脇に両手を入れて組むこと。双差、諸差とも書く。

ばくち
★花札、トランプなどで金品を賭けて勝敗を争うこと。とばく。
◆大博打を打つ。

でずいり
★相撲で、横綱の土俵入りのこと。不知火型と雲竜型がある。「でず」はわざの意味。

ものび
★祭りなど特別な年中行事がある日。

年中行事・舞台芸術

初午　真打　能装束　立役者

可内　七夕　楽屋　出初式

黒衣　二人羽織　生世話

十日夜　転失気　義太夫

はつうま
★二月最初の午の日のこと。稲荷神社で稲荷の祭礼が行われる。

べくない
★武家の使用人の通称。「可助」（べくすけ）ともいう。

くろご
★人形遣いなどが着る黒い衣装。裏で働く人のこと。くろこことも読む。こくい、くろぎぬは別の意味。

とおかんや
★旧暦十月十日夜の祭り。稲刈りを終え山へ帰る田の神をまつる行事。とおかやとも読む。

しんうち
★寄席などで最後に登場する最上格。また一座で最もすぐれた演者のこと。心打とも書く。

たなばた
★五節句の一つ。七月七日、織女と牽牛が年に一度会うという日。しちせきとも読む。

ににんばおり
★羽織を着た人の背中に入った人が、手探りで前の人に飲食させる芸。

てんしき
★落語。医者から「てんしき」があるかと聞かれ、知ったかぶりをした和尚の話。

のうしょうぞく
★能の衣装。かつらや冠までを含めていう。豪華な様式美を見せる。

がくや
★劇場の後ろにある部屋。役者の準備などに使う。また比喩的に、物事の内幕。

きぜわ
★『東海道四谷怪談』など江戸庶民の生活を写実的に描いた歌舞伎の種類。

ぎだゆう
★義太夫節。浄瑠璃を代表する流派の一つ。人形が加わり、人形浄瑠璃となる。

たてやくしゃ
★一座の中心となる役者。中心となる重要な人物。
◆彼が条約締結の～だ。

でぞめしき
★消防士が新年に出揃って、最初の演習を行う仕事始めの式。

茶道・華道

関守石

立礼

黒文字

若水

飛石

中立ち

建水

末客

水指

貴人

数寄屋

受流

高台

台子

寸切

木密

せきもりいし
★茶事で、茶室への案内として、十文字にひもをかけた石。止石とも。

とびいし
★茶事で客が歩きやすいように、路地に置かれた渡り石。

みずさし
★釜の湯加減を整えたり、茶碗をすすぐ水を入れる器。水注子。みずつぎ。

こうだい
★茶碗の底にある基台のこと。茶碗のよし悪しを決めるほど大切。たかだいは別の意味。

りゅうれい
★茶道で、椅子に座って行う点前の形式。裏千家が外国人客のために創案した。

なかだち
★初座のもてなしの後、いったん茶室を退くこと。客は待合で後座を待つ。

きにん
★官位の高い人。貴人点(だて)は身分の高い方に差し上げるお茶のこと。きじんとも読む。

だいす
★茶道で風炉、水指、建水などを置く棚物。竹台子、真台子などの種類がある。

くろもじ
★主菓子(おもがし)に添える楊枝。クスノキ科の黒文字という木から作ることから。

けんすい
茶碗を清めた湯をあける器。「水こぼし」「こぼし」とも呼ぶ。

すきや
★庭園の中の独立した茶室。囲(かこい)とも呼ぶ。数奇屋とも書く。

ずんぎり
★頭部を水平に切った筒形の茶入れ・花器の総称。寸胴切(ずんどぎ)り。

わかみず
★元日の早朝に汲む水。この水で茶を点て、一年の邪気を払い、新年を祝う。

まっきゃく
★茶事で末座に座る客。茶心を熟知した人がその役を担う。お詰(つめ)とも言う。

うけながし
★生け花の基本五花型の一つ。ほかに本手、中流(ちゅうながし)などがある。

こみ
花の根元を一つに見せる道具。水中に隠れるが花を支える重要な土台。

美術・色の名

土器　海老茶　路考茶　黄土色

素地　退紅　白緑　平文

信楽焼　灰白色　練色　中型（「ちゅうがた」ではなく…）

寄木細工　秘色　菜種油色　魚子

かわらけ
★瓦で作った笥(け＝器)の意味で、素焼きの陶器のこと。どきとも読む。

きじ
★陶磁器で、まだうわぐすりを塗っていないもの。そじは別の意味。

しがらきやき
★信楽地方(滋賀県南部)に産する陶器。茶道が流行した室町時代に発展。

よせぎざいく
★木工芸の技法の一つ。色や木目の異なる木片を組み合わせ模様を作る。

えびちゃ
★イセエビのような暗い赤褐色。葡萄茶とも書く。

あらぞめ
★薄い紅色。元は洗染(あらいぞめ)らしく、さめた紅花染のような色調。たいこうとも読む。

かいはくしょく
★白に近い、明るい色調の灰色。

ひそく
★薄い緑青色。中国で天子に献上した青磁の色で、臣下は使用を禁じられていた。

ろこうちゃ
★緑がかった茶色。二代目瀬川菊之丞(俳号路考)が愛用。役者色の代表格。他には團十郎茶など。

びゃくろく
★白っぽい緑色。緑青を精製して粒子を細かくしたので色が淡い。

ねりいろ
★絹の生糸が固くならないよう手や灰汁で練ったものが練糸。その色。ごく淡い黄味を帯びた白。

なたねあぶらいろ
★江戸の頃まで灯火には菜種油を用いた。そのくすんだ黄色。油色とも呼ぶ。

おうどいろ
★黄色がかった茶色。

ひょうもん
★漆工芸の技法の一つ。平安時代に盛んに行われた。評文とも書く。ひらもんとも読む。

なかご
★中が空っぽな鋳物を作る際に内部に入れる鋳型。中子、中心とも書く。ちゅうがたは別の意味。

ななこ
★彫金の技法の一つ。金属の表面に、魚の卵の粒が並んだように突起させたもの。

音楽

編木　音曲　三線　八多良

一節切　鳴子　声明　弱起

「せいめい」ではなく…

小角　大角　倍音　和声

平調　上下　乱声　今様

「じょうげ」とも読みますが…

びんざさら

★数十枚の木の板をつづり合わせて作った打楽器。田楽で使う。拍板とも書く。

ひとよぎり

★尺八の一種。長さ約三四センチ、節が一つのまっすぐな竹の縦笛。

くだのふえ

★戦場で用いた、角製の小さい笛。くだ。くだぶえ。管の笛とも書く。

ひょうじょう

★日本音楽の音名の一つ。「へいちょう」と読むと、中国の三弦の調弦法の一つを意味する。

おんぎょく

★近世以降の邦楽で、特に大衆的、軽音楽的なもの。俗曲。

なるこ

★田畑を荒らす鳥獣を防ぐしかけ。縄を引くと音が鳴る。地名などの意味もある。

はらのふえ

★戦場で用いた、角製の大きな笛。はらとも読む。

かるめる

★音階音より音が上がること(かる)と、下がること(める)。「甲乙」とも書く。

さんしん

★沖縄の弦楽器。三味線のもととなったといわれる。「さんせん」と読むと三味線の意味になる。

しょうみょう

★仏教の経文を朗唱する声楽。せいめいは別の意味。

ばいおん

★振動体の発する音のうち、基音の整数倍の振動数をもつ部分音。

らんじょう

★雅楽で演奏する曲。拍子に合わせず吹く笛に、太鼓、鉦鼓を合わせる。らんぞうとも読む。

やたら

★八多良拍子。雅楽の拍子の一つ。二拍と三拍を交互に奏する。

じゃっき

★旋律が、小節内の第一拍目以外の拍(＝弱拍)から始まること。↔強起(きょうき)

わせい

★音楽で、和音を連ねたもの。ハーモニー。かせいとも読む。

いまよう

★平安中期から鎌倉時代にかけて流行した、新様式の歌謡。今様歌。

服飾・ファッション

木綿　産着　飛白　文目

縮　作務衣　角子　表着

眼鏡　直垂　生成り　間服

合羽　兵児帯　羽二重　経糸

もめん

★綿(わた)の種子からとった繊維で、衣料用として用いられている。きわたは別の意味。

ちぢみ

★布面全体にしぼりを表した織物。夏着に用いられることが多い。明石産や越後産が有名。

めがね

★近視、遠視、乱視、老眼などの人が、視力を調整するためにかける。がんきょうとも読む。

かっぱ

★雨天の外出のときに着るコート。レインコート。

うぶぎ

★生まれて間もない赤ん坊に初めて着せる衣服。産衣とも書く。

さむえ

★僧の作業着。上は筒袖で打ち合わせをひもで結ぶ。下はズボン形。

ひたたれ

★元は庶民の労働服であったが、後に武家の礼服となる。

へこおび

★男性、子どもの締めるしごき帯。「兵児」は、(鹿児島地方で)十五歳以上二五歳以下の青年。

かすり

★かすれたような模様のある織物。絣とも書く。ひはくとも読む。

みずら

★上代の男子の結髪の一つ。左右に分けた髪を、耳の横で輪をつくり束ねた角髪とも書く。

きなり

★漂白していない糸や生地。またそれらの色味を生かした服。生形とも書く。

はぶたえ

★絹織物の一種。礼服などに用いられる。

あやめ

★織物などに現れた模様。色合い。もんめは別の意味。

うわぎ

★衣服を重ねて着たとき、最も上になるもの。上着、上衣とも書く。

あいふく

★春と秋に着る服。寒暑の間に着る服という意味。合服とも書く。

たていと

★織物で縦方向の糸。縦糸、経とも書く。↔緯糸(よこいと)

地名

雲母温泉　安積　安心院　再度山

月寒　石和　福生　我孫子

賀名生　小来川温泉　動橋　糸魚川

親不知　直方　土成　北谷

きらおんせん
★新潟県関川村にある温泉。子宝温泉として有名。

つきさむ
★北海道札幌市の地区名。野球、サッカーなどでにぎわう札幌ドームがある。

あのう
★奈良県五條(ごじょう)市にある地域で、観梅の名所。

おやしらず
★新潟県糸魚川市にある地名。子不知(こしらず)という地名もある。

あさか
★福島県郡山市にある町。安積疏水で有名。

いさわ
★山梨県笛吹市の地名。温泉が有名。

おころがわおんせん
★栃木県日光市の温泉。

のおがた
★福岡県北部の市。チューリップフェアなど花をテーマとしたまちづくりを行っている。

あじむ
★大分県宇佐市の一地区。鏝絵(こてえ)や、スッポン料理が有名。

ふっさ
★東京都の多摩地域に位置する市。在日米軍横田基地がある。

いぶりばし
★石川県加賀市の一地区。動橋川沿いで、揺れ動く橋(方言でいぶる橋)に由来する。

どなり
★徳島県にあった旧町名。現在は、阿波市東部。たらいうどんが有名。

ふたたびさん
★神戸市六甲山地にある山。弘法大師が、入唐前と帰国後に二度参詣したことに由来する。

あびこ
★千葉県北西部にある市。手賀沼の北に位置する。

いといがわ
★新潟県の西端の市。日本列島の大断層である糸魚川静岡構造線で有名。

ちゃたん
★沖縄本島中部の町。大きな米軍基地を抱える。

地名

小豆島

財部

豊島
香川県の島です

米子

薬研温泉

石動

交野

知立

余目

今帰仁

温海

王子保

五十川

武生

不来方

度島

しょうどしま
★瀬戸内海にある島。香川県。オリーブの産地。壺井栄『二十四の瞳』の舞台となった島。

やげんおんせん
★青森県むつ市にある温泉。漢方薬をすりつぶす薬研台に似た所から源泉が湧いていたことに由来。

あまるめ
★山形県庄内町にある地域。JR東日本の駅もある。余目油田があり、天然ガスの利用が盛ん。

いらがわ
★山形県鶴岡市にあるJR東日本羽越本線の駅の名。

たからべ
★鹿児島県曽於市の一地区。JR九州日豊本線の駅の名。

いするぎ
★富山県小矢部(おやべ)市の中心地区。

なきじん
★沖縄県本島北東部の村。今帰仁城跡は、世界遺産に登録されている。

たけふ
★福井県中部にあった市。菊人形で有名で、日本三大菊人形の一つ。合併で越前市となる。

てしま
★小豆島の西にある島。香川県。「とよしま」と読むと広島県の島。「としま」は東京都の区。

かたの
★大阪府北東部の市。市の中心部に天野川が流れるなど、星にまつわる伝説が多く残る。

あつみ
★山形県鶴岡市の一地区。温泉で有名。

こずかた
★岩手県盛岡市の旧名。「不来方城」は「盛岡城」の別名。

よなご
★鳥取県西部の市。島根県に隣接する。山陰観光の要所。

ちりゅう
★愛知県中央部の三河地方の市。「あんまき」という和菓子が有名。

おうしお
★福井県越前市にあるJR西日本北陸本線の駅の名。

たくしま
★長崎県平戸市にある島。キリシタン遺跡などがある。

地名

中城　五十里湖　三次　夏油温泉

気比の松原　大歩危　玉城　登米

日出　川内　可児　十六島

武尊山　有度山　浅水　幸手

なかぐすく

★沖縄本島中部の村。世界遺産の中城城跡を有する。

けひのまつばら

★福井県敦賀市の景勝地。三保の松原、虹の松原とともに日本三大松原の一つ。

ひじ

★大分県中央部にある町。別府湾に臨む。特産物に美味で有名な城下カレイがある。

ほたかやま

★群馬県にある成層火山。日本百名山の一つ。ほたかさんとも読む。

いかりこ

★栃木県北部、鬼怒川の支流の男鹿川をせき止めて造られたダム湖。釣りやキャンプで賑わう。

おおぼけ

★徳島県吉野川流域の渓谷。下流には小歩危(こぼけ)という渓谷がある。

せんだい

★鹿児島県にあった市。現在は近隣の町や村と合併し薩摩川内市となる。

うどやま

★静岡県の山。日本平という観光地名の方が有名。標高三百七メートル。うどさんとも読む。

みよし

★広島県北部にある市。鵜飼いが有名。

たまぐすく

★沖縄県の旧村名。現在は南城市。玉城城跡がある。「たまき」と読むと三重県の町。

かに

★岐阜県の木曽川南岸に位置する市。木曽川の舟遊びなどで楽しめる。

あそうず

★福井県福井市にある福井鉄道福武線の駅名。

げとうおんせん

★岩手県にある温泉。「天狗の岩」と呼ばれる。特別天然記念物の石灰華大ドームがある。

とよま

★宮城県北東部にあった旧町名。北上川が縦貫する稲作地帯。現在は登米(とめ)市の一地域。

うっぷるい

★島根県出雲市の地名。十六島湾もある。十六島海苔で有名。

さって

★埼玉県北東部にある市。権現堂川沿いの桜堤やあじさいで有名。

旧国名

和泉

周防

上総

河内

武蔵

上野

天塩

出雲

常陸

下総

豊後

相模

日向

能登

長門

後志

いずみ

★現在の大阪府南部にあたる。泉州(せんしゅう)とも呼んだ。

すおう

★現在の山口県の東南半分にあたる。防州(ぼうしゅう)とも呼んだ。

かずさ

★現在の千葉県中央部にあたる。古くは「かみつふさ」とも呼んだ。

かわち

★現在の大阪府南東部にあたる。河州(かしゅう)とも呼んだ。

むさし

★現在の東京都と埼玉県のほぼ全域に神奈川県の一部を含めた地域。武州(ぶしゅう)とも呼んだ。

こうずけ

★現在の群馬県全域にあたる。上州(じょうしゅう)とも呼んだ。

てしお

★北海道の旧国名。現在の留萌(るもい)支庁全域と宗谷・上川支庁の一部にあたる。

いずも

★現在の島根県東部にあたる。出雲神話の舞台。雲州(うんしゅう)とも呼んだ。

ひたち

★ほぼ現在の茨城県の大部分にあたる。常州(じょうしゅう)とも呼んだ。

しもうさ

★現在の千葉県北部と茨城県の南西部にあたる。しもふさ、しもつふさとも呼んだ。

ぶんご

★現在の大分県の大部分にあたる。豊州(ほうしゅう)とも呼んだ。

さがみ

★現在の神奈川県の大部分にあたる。相州(そうしゅう)とも呼んだ。

ひゅうが

★現在の宮崎県と鹿児島県の一部にあたる。日州(にっしゅう)とも呼んだ。

のと

★現在の石川県の北部にあたる。能州(のうしゅう)とも呼んだ。

ながと

★現在の山口県の北西部にあたる。長州(ちょうしゅう)とも呼んだ。

しりべし

★北海道の旧国名。現在の後志支庁の大半部と檜山支庁の北部にあたる。

略語・新語・流行語

逆玉

米粉

「ビーフン」とも読みますが…

就活

数独

空弁

中食

公貸権

宅飲み

未病

無洗米

個食

面達

減肥茶

秋葉系

家電

「かでん」ではなく…

百均

ぎゃくたま
★逆玉の輿の略。普通の男性が高い身分の人や多くの財産を所有する女性と結婚すること。

そらべん
★空港内で売られている弁当。鉄道の「駅弁」をもじった言葉。

みびょう
★病気というほどではないが、健康でもない状態。漢方医学の概念。

げんぴちゃ
★一時期、やせるお茶としてブームになった。

こめこ
★米を粉末にしたもの。「ビーフン」と読むと、米を原料にした麺のこと。

なかしょく
★弁当や惣菜など、持ち帰ってすぐ食べられる食品のこと。外食と家庭食の中間を意味する。

むせんまい
★糠を取り去ってあるため、研ぎ洗いせずに水を加えるだけで炊くことができる米。

あきばけい
★オタクを意味する。アキバ＝東京・秋葉原は世界有数のオタク文化の発信拠点となっている。

しゅうかつ
★就職活動の略。エントリーシートを、各会社にメールで送って応募する場合がほとんど。

こうたいけん
★公共貸与権の略。公共図書館での資料貸し出しで、著作者が一定の報酬を得られる権利。

こしょく
★家族の団欒もなく、一人で食事をすること。また、一人一人がばらばらに食事をとること。

いえでん
★家庭の固定電話のこと。携帯だけで家電がない家庭も。かでんは別の意味。

すうどく
★3×3のブロックが縦横3個ずつある正方形の枠内に1～9までの数字を入れるパズル。

たくのみ
★居酒屋など外の店ではなく、自宅で飲むこと。一人でや、友人知人、恋人などと飲む場合がある。

めんたつ
★面接の達人のこと。中谷彰宏氏の著書『面接の達人』を表す場合もある。

ひゃっきん
★百円均一の略。消費税を含むと百五円になるが、百均の名で親しまれる。千均もある。

発展編

折角

上枝

公界

若かず

初っ切り

三水

道形

周章てる

「ふるい・こ」ではなく…

古

出会す

「おさなげ」ではなく…

幼気

「つぎめ」ではなく…

接ぎ目

殺ぐ

食客

安分守己

三白眼

せっかく

★そのために努力したり、期待したりした気持ちを強く表す。

◆～の誘い。

しょっきり

★巡業などの余興で行われる、禁じ手などを楽しく紹介する相撲。

いにしえ

★遠く過ぎ去った日々。過去の話。昔のこと。

◆～の奈良の都。

そぐ

★削り取る。物の先端を削ってとがらせる。また、力を弱める。削ぐとも書く。◆竹を～。

ほつえ

★上のほうの枝。秀つ枝とも書く。うわえだとも読む。

⇅下枝(しずえ)

さんずい

★漢字の偏の一つ。「海」「波」などの「氵」の部分。水を表す。

でくわす

★偶然出会う。出っ会(くわ)すともいう。

◆昔の彼女にばったり～。

しょっかく

★他人の家に住み、世話になること。また、その人。居候。しょっきゃくとも読む。

くがい

★公の場所、晴れの場。また、人前、世間。

◆～で恥をかいた。

みちなり

★道路に沿って行くこと。

◆～に進む。

いたいけ

★幼くかわいらしい様子や、いじらしい様子。元はいじらしさに心が痛むことから。

あんぶんしゅき

★自分の身の程をわきまえ、高望みしないこと。分に安んじ己(おのれ)を守るとも読む。

しかず

★…にはかなわない。…に越したことはない。如かず、及かずとも書く。

◆百聞は一見に～。

あわてる

★予想外のことに出会い、うろたえる。物事をとても急いでする。慌てるとも書く。

はぎめ

★布などをはぎ合わせた部分。

◆～を隠す。

さんぱくがん

黒目が上に寄り、下と左右の三方が白い目。人相学では凶相。

◆～でにらむ。

発展編

一入　転ぶ　徒然　左見右見

「ころぶ」ではなく…

円ら　責っ付く　初一念　氷下魚

昔日　容易い　金打　二進も三進も

半夏生　厳つい　遠方　真骨頂

「えんぽう」とも読みますが…

ひとしお

★ひときわ。いっそう。また、染め物を一度染液につけること。

◆喜びも〜。

つぶら

★まるくてかわいらしい様子。

◆〜な瞳。

せきじつ

★昔。過ぎ去った日。

◆〜の思い出がよみがえる。

はんげしょう

★夏至から十一日目。七月二日ごろ。梅雨が明けるころ。

まろぶ

★ころがる。倒れる。

◆こけつ〜びつ、一目散に逃げた。

せっつく

★せつく。早くするように催促する。急がせること。

たやすい

★易しく簡単である。または、軽々しい。

◆この問題は〜。

いかつい

★ごつい。ごつごつしていて、やわらかみがない。

◆〜顔。

つれづれ

★することがなくて、退屈な様子。手持ちぶさたとぜんとも読む。

◆〜とやもめ暮し。

しょいちねん

★最初の決心。初心(しょしん)。

◆〜を貫く。

きんちょう

★誓いの証に、金属製の物を打ち合わせたことから。かたい約束。

おちかた

★遠いところ。遠くの方。はるかかなた。

とみこうみ

★あっちを見たり、こっちを見たりすること。

◆〜しながら歩く。

こまい

★タラ科の魚で日本海、北太平洋に分布。氷魚とも書く。

にっちもさっちも

★どうにもならないこと。工面できないこと。

◆不景気で〜いかない。

しんこっちょう

★その人の本当の姿。

◆〜を発揮する。

枝垂れ桜

山背

要

「チームの～」と言いますね

一重

天馬行空

店子

似非

無礼講

天一神

有心

真砂

夫子

逆焼

入水

世故

強ち

しだれざくら

★サクラの一種で、枝が垂れ下がる物。糸桜（いとざくら）とも呼ぶ。

てんばこうくう

★天馬が空を自由に駆け回るように、考えや行動が自由奔放なこと。天馬空(くう)を行くとも読む。

なかがみ

★陰陽道で八方を運行し、幸・不幸をつかさどるとされる神。てんいちじんとも読む。

ほそけ

★一方から来た野火に対して、反対側からも火を放って防ぐこと。火退とも書く。

やませ

★山を越えて吹く風。特に北海道や東北地方では、冷害の一因とも。

たなこ

★家を借りている人。ビルのテナントなどを指すことも。

うしん

★思慮や分別があること。仏教用語では「無心」の対語。執着心のこと。ゆうしんとも読む。

じゅすい

★川や海など、水に身を投げて自殺すること。にゅうすいとも読む。

かなめ

★扇を綴じ合わせる部分の名から、物事の最も大事な点や人物。

◆肝心～。

えせ

★見せかけだけ似せているが、実は本物ではないもの。にせもの。

◆～医者。

まさご

★細かい砂。和歌などで使われる、砂を上品に表現した言葉。まなごとも読む。

せこ

★世の中の習慣や事情。世間の俗事。せいこととも読む。

◆～に疎い。

ひとえ

★他のものと重ならず、そのものだけであること。

◆紙～。

ぶれいこう

★上下関係を無視して、礼儀を気にせず行う宴会。↑↓慇懃(いんぎん)講。

ふうし

★賢者や師に対する敬称。先生。孔子の尊称でもある。せこは別の意味。

あながち

★必ずしも。一概に。後に否定の言葉を伴う。

◆～無理ともいえない。

発展編

県主　去声　挙句　装う

「よそおう」とも読みますが

仏頂面　外方　口利き　能う

学舎　有情世間　長広舌　南船北馬

細石　現人　終夜　論う

あがたぬし
★大和朝廷のころ、県（あがた）を統治した首長。

ぶっちょうづら
★不機嫌な顔。仏頂尊という仏の恐ろしい顔にたとえたともいわれる。
◆〜をする。

まなびや
★学校。学問を学ぶ場所。
◆親しんだ〜から卒業する。学び舎とも書く。

さざれいし
★細かい石。小さい石。さざれいし、さざれしとも読む。◆〜の巌（いわお＝大きな岩）となりて。

きょしょう
★漢字の四声の一つ。最初を強く、最後を低く弱く発音するもの。きょせいとも読む。

そっぽ
★よその方。別の方。相手と正対しない方向。がいほうは別の意味。
◆〜を向いて話を聞く。

うじょうせけん
★大自然のありのままの世間に対して、生きとし生けるものが迷い込んだ俗世間のこと。

うつせみ
★生きている人。現世の人。うつしおみ、うつそみとも読む。

あげく
★結局のところ。連歌・連句の最後の句。揚句とも書く。
◆迷った〜。

くちきき
★仲介をすること。また、その人。
◆仕事の〜を頼む。

ちょうこうぜつ
★長々としゃべること。仏の三十二相の一つ。広長舌から変化した言葉。

よもすがら
★一晩中。夜通し。しゅうや、よすがらとも読む。

よそう
★ごはんや味噌汁を茶碗などに盛る。したくをする。よそおうとも読む。
◆ご飯を〜。

あたう
★できる。適している。
◆〜限り努力する。

なんせんほくば
★絶えず、忙しく、いろいろなところを旅行していること。

あげつらう
★物事のよし悪しを議論する。また、ささいな非を言い立てる。
◆失敗を〜。

発展編

下野する　村夫子　感応　六指

失せる　大様　素寒貧　必定

一片　成敗　下種　半可通

条　産湯　公事　老成持重

「じょう」とも読みますが…

げやする

★官職を辞めて、民間に下ること。政権を失って野党になること。

◆任期終了後〜。

うせる

★なくなる。消える。どこかへ行ってしまう。

◆やる気が〜。

ひとひら

★平らで薄いものの一枚。一枚とも書く。いっぺんとも読む。

◆〜の雪。

くだり

★文章の一部分。また、前に述べた事柄。

◆鬼退治の〜。

そんぷうし

★小さな世界の中での物知り。見識の低い学者を嘲笑した表現にも用いる。そんふうしとも読む。

おおよう

★落ち着きがあり、余裕のある様子。

◆〜に構える。

せいばい

★こらしめること。また、罪人などを処罰すること。せいはいは別の意味。

◆喧嘩両〜。

うぶゆ

★赤ん坊を生まれて初めて入浴させること。また、その湯

◆〜をつかわす。

かんのう

★物事を感じて心が動くこと。かんおうとも読む。

◆雄大な自然に〜する。

すかんぴん

★とても貧乏なこと。また、お金のない人。

◆給料日前で〜だ。

げす

★品性が卑しいこと。また、身分の低い人。げしゅは別の意味。

◆〜の勘繰り。

くじ

★公務。朝廷の政務や儀式のこともこういった。こうじ、おおやけごととも読む。

むさし

★盤上で六つの碁石を動かして二人で遊ぶゲーム。

ひつじょう

★必ずそうなると判断されること。きっと。確実に。

◆成功は〜だ。

はんかつう

★よく知らないのにしったかぶりをすること。通人を気取ること。

ろうせいじちょう

★経験が豊かで、物事を慎重に判断して対処するさま。

先達て　強か　一期一会　水面　「すいめん」ではなく…

和毛　光一　気構え　就中

春宮　罪業　円やか　今将

暑気中り　求道　直衣　大死一番

せんだって

★この間。先日。さきほど。さきだってとも読む。

◆～相談した件。

にこげ

★鳥獣や人の柔らかな毛。うぶげ。

◆～に包まれたひよこ。

とうぐう

★皇太子の宮殿。皇太子のこと。東宮とも書き、東宮御所は皇太子の居所の意味。

しょきあたり

★暑さのために、体調を壊すこと。暑さあたりともいう。

したたか

★強くて手強い様子。また、程度がひどいさま。健かとも書く。

◆～に生きる。

ぴかいち

★多くのなかで一番優れていること。

◆チームの中では～だ。

ざいごう

★罪となる悪い行い。

◆～をはたらく。

ぐどう

★仏の教えを求めること。真理を求めること。きゅうどうとも読む。

◆～者。

いちごいちえ

★生涯で一度だけ出会うこと。一回だけのこと。

きがまえ

★物事に取り組む際の心構え。また、「気」「氣」などの漢字のかまえ。

まろやか

★形が丸い様子。また、穏やかな様子や味のこと。

◆～な味わい。

のうし

★平安時代以後の、天皇や貴族の平常服。烏帽子（えぼし）などと共に着用。ちょくいとも読む。

みなも

★すいめん。水の表面。

◆～が空を映す。

なかんずく

★いくつかの中でとりわけ。中でも。特に。

◆～この点が重要だ。

いまはた

★今はまた。今また。

だいしいちばん

★死ぬ覚悟で何かをやってみること。

発展編

理
「り」ではなく…

仮借

一得一失

尺地

公達

員子

起居

海路

小火

野放図

鼻下長

後退り

酒祝

温い
「あたたかい」ではなく…

羽合

件
「けん」とも読みますが…

ことわり
★道理。条理。もっともなこと。また、理由や理屈。
◆物事の～をわきまえない。～を説く。

きんだち
★親王、摂家などの貴族の息子や娘。（代名詞的に）あなたさま方。

ぼや
★小さな火事。すぐに消した火事。
◆～を出す。～のうちに消し止めた。

さかほがい
★酒宴を催して祝うこと。古くは「さかほかい」と読んだ。酒祝ひ、酒寿ひとも書く。

かしゃ
★六書の一つ。ある語に当てる漢字がない場合に別の同音の漢字を当てたもの。かしゃくとも読む。

いんつう
★中国から渡来した金銀。転じて、金、金銭を表す。銀子とも書く。

のほうず
★横柄な態度や様子。また、限りや果てのないこと。野方図、野放途とも書く。

ぬるい
★なまあたたかい。熱さが十分ではない。ゆるやかだ。緩いとも書く。
◆～ビールしかない。

いっとくいっしつ
★利益があれば、もう一方では不利益があるということ。一利一害。

ききょ
★立ったり座ったりすること。日常の動作。

びかちょう
★鼻の下が長いこと。好色で女性に甘い男性。

はわい
★鳥取県中央部にあった町。二〇〇四年に町村合併で湯梨浜町となる。ハワイ州と姉妹都市。

せきち
★わずかな土地。寸土。一寸の十倍の長さが一尺。尺は、わずかの意。しゃくちとも読む。

うなじ
★海上の船の通る道。航路。また、船を利用した旅のこと。うみじ、かいろとも読む。

あとずさり
★前を向いたまま後ろに下がること。尻ごみする。あとしざり、あとじさりとも読む。

くだん
★前文に挙げた事柄。また、いつものこと。
◆～の企画はキミに任せる。

数多　一知半解　否応　解衣推食

非ず　今生　挙って　不束

表六玉　馬刀貝　気っ風　手向け

能書　余所見　入会　背向

「にゅうかい」ではなく…

あまた

★数が多いこと。たくさんあること。すうたとも読む。◆～の事件を解決する。

あらず

★ない。いない。違う。また相手の言葉に応答して強く打ち消す語。いいえ。

ひょうろくだま

★間抜けな人を嘲笑していう語。また、まぬけなこと。兵六玉とも書く。表六、兵六ともいう。

のうがき

★効能書き。転じて、自分のよい点を並べ立てていう言葉。のうしょは別の意味。◆～を並べる。

いっちはんかい

★少しだけ知っているが、深く理解していないこと。生かじり。◆～な知識。

こんじょう

★命を持ってこの世に生きている間。この世。◆～の別れと覚悟する。

までがい

★マテガイ科の二枚貝。砂浜で馬刀貝のいる穴に塩をかけると体を現すので、素手で捕まえる。

よそみ

★わきみ。違う方向を見ること。◆運転中は～厳禁。

いやおう

★ノーとイエス。いやだという返事と、よいという返事。◆～なくやってもらう。

こぞって

★関係者がそろって。残らず。◆地域の商店主が～参加する。

きっぷ

★気まえ。気性。◆～のいい男。～のよさを見せる。

いりあい

★一定の山野、川、海を複数の人や村が慣習的権利により共同で使うこと。入合とも書く。

かいいすいしょく

★人に親切なたとえ。漢王劉邦が韓信をもてなした逸話から。衣を解き食を推(すす)むとも読む。

ふつつか

★行き届かないこと。不十分であること。つたないこと。◆～な娘ですが…。

たむけ

★神仏や死者の霊に花や物を供えること。また、餞別(せんべつ)。◆～の言葉。

そがい

★背中あわせ。後ろ向き。後方。背（そ）は背中の意。はいこうは別の意味。

金春

兵
「へい」ではなく…

適う

破目

従容

女形

折ぐ

達引き

因
「いん」とも読みますが…

熟田

葉月

身動ぎ
「みうごき」ではありません

古強者

一夜検校

解く
「とく」ではなく…

弓形

こんぱる

★能楽師の姓の一つ。金春流・金春座の略。

しょうよう

★落ち着いてゆったりとしている様子をいう。◆〜として臨む。

よすが

★頼りとなるもの。よりどころ。縁、便とも書く。◆身を寄せる〜もない。

ふるつわもの

★戦いの経験豊富な武士。また、その道で経験を積んだ人。ベテラン。古兵とも書く。

つわもの

★兵士。武士。また体力・技術にすぐれた人。非常に強い人。◆柔道部は〜ぞろいだ。

おやま

★歌舞伎で女役を演じる男性の役者。女役の人形。また、遊女のこと。おんながたとも読む。

こなた

★開墾してこなれた田のことをいう。水田とも書く。じゅくでんとも読む。

いちやけんぎょう

★江戸時代、千両を納め一夜で検校になった者。急に金持ちになること。

かなう

★条件や基準などにうまく当てはまる。適合する。叶う敵うとも書く。◆お眼鏡に〜。

へぐ

★(木などの)表面を薄く削り取る。はがす。はぐ。剥ぐとも書く。◆木の皮を〜。

はづき

★陰暦八月の異名。葉月潮で陰暦八月十五日ごろの大潮のことを指す。

ほどく

★結んであるもの、もつれたものをとくこと。疑いなどをはらす。

はめ

★境遇。追い詰められた状態。羽目とも書く。やぶれめは別の意味。◆幹事を引き受ける〜になった。

たてひき

★義理や意地を通すこと。そのために気前よく見せること。立て引きとも書く。

みじろぎ

★身体を少しだけ動かすこと。◆〜もせず耳を傾けていた。

ゆみなり

★弦(つる)を張った弓のような形。ゆみがた、きゅうけいとも読む。◆体を〜にそらす。

重石　歴と　健気　漢才

面映ゆい　口舌　感ける　直向き

反故　大音声　競売　因む

法律の世界での読み方は…

並べて　立刀　小半　労う

「ならべて」ではなく…

おもし

★物を押さえるのに使うもの。石や文鎮など。また、人をおさえてまとめる力。

おもはゆい

★顔を合わせるとまぶしく感ずるほど照れくさい。面映いとも書く。

◆過大にほめられて〜。

ほご

★書きそこなった紙。また、取り消し。無効。反古とも書く。

◆約束を〜にする。

なべて

★すべて。総じて。一般に。普通に。

◆世間は〜エコである。

れっきと

★身分や家柄などが高いさま。明らかなこと。れきとも読む。

◆〜とした証拠。

くぜち

★おしゃべり。言い争い。口説とも書く。くぜつとも読む。

だいおんじょう

★大きな音声。人の発する大きな声。

◆〜をあげる。

りっとう

★漢字の部首の一つ。「別」や「割」のつくりの部分。

けなげ

★心がまえや態度がしっかりしている様子。また、勇ましいさま。

かまける

★何かに心をとられ、それ以外のことがおろそかになること。また、感ずること。

けいばい

★法律の世界で、競売（きょうばい）のこと。売主が最高値を申し出た人に売る方法。せり。

こなから

★半分の半分。とくに米・酒一升の四分の一をいうことから、二合半とも書く。

からざえ

★中国の学問に通じ、漢詩文に巧みな才能。かんざい、かんさいとも読む。

ひたむき

★一生懸命何かに取り組むこと。

◆高校球児の〜さに心を打たれた。

ちなむ

★あることが別のことと関連していること。根拠となること。

◆伝説に〜祭り。

ねぎらう

★苦労や骨折りに対して、感謝する。同等以下の人に用いる。

◆労を〜。

発展編

適聞

大見得

固より

若気る

「わかげる」ではなく…

野良

質種

業腹

極月

手練

心延え

物相

徒

歩くこと。○○で行く。

法度

強力犯

注ぐ

軽重

たまひま
★偶然。たまたま。また、朝のこと。

のら
★野原、野のこと。農耕をするための田や畑のこと。
◆〜着。〜仕事。

てだれ
★技術や武道に熟練して抜きんでていることや人。手足れとも書く。しゅれんとも読む。

はっと
★法律。共同体のルール。特に禁止事項。
◆盗みはご〜だ。

おおみえ
★歌舞伎で、役者がとくに大げさに演じる見得。
◆「〜を切る」でことさらに自信を誇示する。

しちぐさ
★借金のかたに、質屋に置く品物のこと。質草とも書く。しちだねとも読む。

こころばえ
★心のありよう。気立て。性質。

ごうりきはん
★脅迫や暴力を手段とする犯罪。殺人罪や傷害罪、強盗罪など。

もとより
★初めから。言うまでもなく。元より、素よりとも書く。
◆〜困難は覚悟のうえ。

ごうはら
★非常に腹が立つこと。業はしゃくに触ること。怒りの心を表す。

もっそう
★飯を盛り量をはかる器。また、飯を一人分ずつ盛る器。盛相とも書く。

そそぐ
★流れ込む。雨雪などが降りかかる。上から流しかける。(力や心を)向ける。つぐとも読む。

にやける
★男性がにやにやすること。色っぽいしぐさをすること。若気(にゃけ)で男色の相手を意味した。

ごくげつ
★十二月のこと。師走。ごくづきとも読む。

かち
★車などに乗らず、歩いていくこと。徒士組（かちぐみ）は、かちで警備等に当たる隊。

けいちょう
★物事の軽い、重い。軽微なことと重要なこと。けいじゅうとも読む。
◆ことの〜を問う。

発展編

水派　指値　人間青山　応える

終朝　水雲　老次　口伝

強張る　札片　苦汁　水取玉

「くじゅう」ではなく…

向後　庭訓　強談判　土公

みなまた

★水の流れが分かれる所。「水の又(また)」の意。

しゅうちょう

★朝の間。夜明けから朝食までのことをいう。

こわばる

★やわらかなものがかたくなる。硬直する。意地をはる。◆表情が〜。糊でシーツが〜。

きょうこう

★これからのち。今後。こうご、きょうごとも読む。↑↓向来(きょうらい)は従来、これまでの意味。

さしね

★指定値段。依頼主が取引所などで指定する売買の値段のことをいう。

もずく

★海藻の一種。食用。褐色で粘り気がある。酢の物などにする。海雲、海蘊とも書く。

さつびら

★紙幣。◆「〜を切る」で大金を派手に見せびらかすように使うさま。

ていきん

★家庭での教えのこと。孔子が庭を走り抜ける子に、詩や礼を学ぶよう諭した故事から。

じんかんせいざん

★世の中には人の活躍できるところも、死に場所もいくらでもある、殻にこもらず挑戦せよ。

おいなみ

★年をとっていくこと。老境。老い次とも書く。

にがり

★海水から食塩をとった後に残る溶液。苦い。豆腐の製造に用いる。

こわだんぱん

★強い態度で交渉すること。手厳しい交渉。◆ついには〜に及んだ。

こたえる

★他からの働きかけに応じること。報いること。◆みんなの期待に〜。

くでん

★口で伝えること。秘伝などを口伝えに授けること。また奥義を記した書。

みずとるたま

★水晶のこと。水晶は水精とも書き、精は汚れなき澄んだ色を表す。

つちぎみ

★土の神。土公神。季節によって宿る場所をかまど、門、井戸、庭と移すという。どくうとも読む。

発展編

入来　設える　南風　在り処

「なんぷう」とも読みますが…

鳥屋　素天辺　小童　集く

後朝　当て所　道標　全人

后　希求　白川夜船　焼べる

じゅらい

★入って来ること。他人の来訪を敬っていうことが多い。にゅうらいとも読む。

とや

★鳥小屋。歌舞伎役者が花道に出る前に待つ小さな部屋。

きぬぎぬ

★一夜を過ごした男女が、翌朝別れるときに着るそれぞれの衣。衣衣とも書く。ごちょうとも読む。

きさき

★天皇の配偶者。皇后。中宮。王族などの妻。妃とも書く。きさいとも読む。

しつらえる

★設備などをある場所に設けること。美しくととのえること。

すてっぺん

★いちばん高いところ。てっぺん。最初。「す」は接頭語。

◆山の～。

あてど

★目的としている所。目標。

◆～のない旅。

けく

★願い求めること。ききゅうとも読む。

はえ

★みなみかぜのこと。主に西日本でいう。白南風（しらはえ）は梅雨明けごろの南風。

こわっぱ

★「こわらわ」の音が変化したもの。子どもや未熟者を軽んじて使う言葉。しょうどうは別の意味。

みちしるべ

★道の方向などを示す標識。道案内。道導とも書く。どうひょうとも読む。

◆～に従って歩く。

しらかわよふね

★よく寝ていて気づかないこと。知ったかぶり。「白河夜船」とも書く。

ありか

★物や人の所在。在り所とも書く。

◆財宝の～を探し当てる。

すだく

★虫や鳥などがたくさん集まり、にぎやかに鳴くこと。

まとうど

★「全き人」＝素直で正直な人のこと。また、融通のきかない人。ぜんじんは別の意味。

くべる

★燃やすために薪などを火の中に入れる。

◆薪を～。

発展編

心耳　手弱女　可笑しい　追従

新湯　土性骨　庫裏　下水

「げすい」ではなく…

校合　大形　蒸かす　寸半

丸頭　聞し食す　音呼　一暴十寒

しんに
★心の中にある耳。心の耳。または心で聞くこと。しんじとも読む。

あらゆ
★わかしたばかりで、まだ誰も入っていない風呂の湯。さらゆ、しんゆとも読む。

きょうごう
★印刷物などの文字を、他の本と照らし合わせてその異同を知ること。こうごうとも読む。

まろがしら
★頭髪をそりあげること。坊主頭。転じて僧侶のことも指す。

たおやめ
★上品な女。しとやかな女。たわやめとも読む。⇔益荒男(ますらお)。

どしょうぼね
★性質や根性を強調していう言葉。ど根性。
◆～をたたき直す。

おおぎょう
★大げさなこと。大がかりなこと。大仰とも書く。
◆～なせりふ。

きこしおす
★聞くの尊敬語「きこす」と食べるの尊敬語「おす」からなる。お治めになる。召し上がる。

おかしい
★笑いたくなる。こっけいだ。
◆道化の寸劇が～くて笑い転げた。

くり
★寺院の台所にあたるところ。庫院(くいん)。また寺の住職や家族の住むところ。

ふかす
★蒸気を当てて、やわらかくする。むす。
◆いもを～。

いんこ
★熱帯地方原産の、羽色の鮮やかな鳥。物真似するものもある。

ついしょう
★人にへつらうこと。お世辞を言うこと。
◆お～を言う。

したみず
★漢字の部首の一つ。「求」や「泰」の「氺」の部分。

きなか
★直径一寸の一文銭の半分。半文。転じて、わずかという意味もある。半銭とも書く。

いちばくじっかん
★一日暖めても十日寒くては植物は育たない。少し努力をしても、継続しなければ成果はない。

風馬牛　船首　書入れ時　用達

「せんしゅ」とも読みますが…

希有　温灰　有相無相　仲見世

年魚　由無い　然程　放く

羊歯　上戸　感興　間

「あいだ」ではなく…

ふうばぎゅう

★自分には関係のないこと。相手にしないこと。
◆他部門のことだからといって～では困る。

けう

★めったにない、珍しいこと。
◆～な出来事。

あゆ

★寿命が一年なので。稚魚は海で過ごし、初春に川を上る。香魚、鮎とも書く。ねんぎょとも読む。

しだ

★シダ植物の総称。ワラビやゼンマイもこれに含まれる。ようしとも読む。

みよし

★船体の前端の部分。へさき。「水押＝みおし」の音が変化した言葉。舳、水押しとも書く。

ぬくばい

★あたたかい灰。火の熱によってあたたまった灰。

よしない

★理由がない。つまらない。しかたがない。
◆～く指示に従う。

じょうご

★酒飲み。「○○上戸」の形で酒に酔うと出る癖を表す。
◆笑い～。

かきいれどき

★帳簿を書き入れるのに忙しいという意味から、商売が繁盛してもうかるときのこと。

うぞうむぞう

★多くのつまらない人々。有象無象とも書く。
◆～の言うことには耳を貸さない。

さほど

★たいして。それほど。後に打ち消しの語を伴うことが多い。
◆～疲れていない。

かんきょう

★興味を感じること。またその興味。
◆～のおもむくまま。～をそがれる。

ようたし

★役所などに出入りして商品を納めること。用をたすこと。ようたつとも。
◆宮内庁御～の菓子。

なかみせ

★社寺の境内にある商店街。東京浅草の浅草寺参道の仲見世は有名。仲店とも書く。

こく

★体内にあるものを外に出す。「言う」の下品な表現。
◆屁を～。

はざま

★物と物との間のすきま。谷間。古くは「はさま」と言った。狭間迫間とも書く。

平生　経つ　上手物　居士

下枝　徒骨　遠近　挙一明三

「えんきん」ではなく…

小兵　上下一心　統べる　発条

今以て　世迷言　出師　弁える

へいぜい
★普段。平素。日ごろ。
◆〜の心がけしだいだ。〜から地震の備えが必要だ。

しずえ
★下の方の枝。したえ、したえだとも読む。
⇅上枝（ほつえ）

こひょう
★小柄なこと。または、体が小さい人。
◆〜力士。

いまもって
★いまだに。現在に至るまで。
◆〜解決できない。

たつ
★時間が経過する。
◆一週間〜と、ヒナがかえった。

むだぼね
★無駄骨折りの略。苦労したことが全く無駄になること。無駄骨とも書く。

しょうかいっしん
★上下の人が心を一つにすること。上下（しょうか)心(こころ)を一(いっ)にすとも読む。

よまいごと
★わけのわからないグチや不平。よまよいごととも読む。
◆〜を並べる。

じょうてもの
★精巧で素晴らしい工芸品。高級品。
⇅下手物（げてもの）

おちこち
★あちらこちら。未来と現在。彼方此方とも書く。

すべる
★別々のものを一つにまとめる。支配する。管轄する。総べるとも書く。
◆国を〜。

すいし
★軍隊を出すこと。出兵。

こじ
★仕官しない学徳の高い人。仏教では在家の男子。成人男子の戒名の下に添える語の一つ。

こいちみょうさん
★四角の一隅を挙げれば、残りの三つが明らかになる人。一からすべてを理解すること。明晰なこと。

ぜんまい
★鋼などを巻いて、その弾力を使って動力やクッションにするもの。ばね、はつじょうとも読む。

わきまえる
★区別する。物の道理などを心得る。
◆善悪を〜。礼儀を〜。

発展編

客実

生業

強面

銅

「どう」ではなく…

益体

一見

「〜の客」と使います

包む

「つつむ」ではなく…

道行き衣

三思後行

白鼻心

地均し

過料

「かりょう」とも読みますが…

手折る

顔

「かお・がん」ではなく…

下戸

日月自明

まろうどざね
★主となる客。主賓。まろうどは客の意で、まれびとともいう。

やくたい
★整っていること。また、「益体なし」の略で、何の役にも立たないこと。

さんしこうこう
★よく考えてから事を行うこと。論語の言葉による。三たび思いて後行うとも読む。

たおる
★手で、花や枝などを折って取ること。
◆木の枝を～。

なりわい
★生活を営むための仕事。家業とも書く。せいぎょう、すぎわいとも読む。
◆農業を～とする。

いちげん
★旅館や料亭などでなじみではなく、初めて来ること。またはその人。いっけんは別の意味。

はくびしん
★ジャコウネコ科の哺乳類。鼻から顔の中央の白い線が印象的。雑食性。

かんばせ
★「かおばせ」の音が変化したもの。顔つき。顔の様子。

こわもて
★怖い顔で相手を脅かすこと。また、強い態度に出ること。こわおもてとも読む。◆～で知られる。

くるむ
★布・紙などで巻くようにしてつつむこと。
◆子どもを毛布に～。

じならし
★地面の凹凸をなくし、平らにすること。計画を進行させるための下準備。

げこ
★酒を飲めない人。
⇅上戸（じょうご）

あかがね
★赤金の意味。銅のこと。

みちゆきごろも
★旅行のときに着る衣服。「道行き」は、和服用コートのこと。

あやまちりょう
★行政上の禁令を犯した者に科せられる金銭罰。刑罰の罰金「科料」と区別した言い方。

じつげつじめい
★物事が明白なこと。太陽と月は自ずから明るいから。

小学校で習った漢字

小学校で習った漢字
全1006字を集めました

※2020年3月31日まで使用されていた小学校学習指導要領の「学年別漢字配当表」に従っています。なお、2020年4月1日以降は1026文字が小学校で教えられています。

小学1年生で習った漢字80字

一右雨円王音下火
花貝学気九休玉金
空月犬見五口校左
三山子四糸字耳七
車手十出女小上森
人水正生青夕石赤
千川先早草足村大
男竹中虫町天田土
二日入年白八百文
木本名目立力林六

小学2年生で習った漢字160字

引羽雲園遠何科夏家歌画回会海絵外
角楽活間丸岩顔汽記帰弓牛魚京強教
近兄形計元言原戸古午後語工公広交
光考行高黄合谷国黒今才細作算止市
矢姉思紙寺自時室社弱首秋週春書少
場色食心新親図数西声星晴切雪船線
前組走多太体台地池知茶昼長鳥朝直
通弟店点電刀冬当東答頭同道読内南
肉馬売買麦半番父風分聞米歩母方北
毎妹万明鳴毛門夜野友用曜来里理話

小学3年生で習った漢字200字

悪安暗医委意育員院飲運泳駅央横屋温化荷界
開階寒感漢館岸起期客究急級宮球去橋業曲局
銀区苦具君係軽血決研県庫湖向幸港号根祭皿
仕死使始指歯詩次事持式実写者主守取酒受州
拾終習集住重宿所暑助昭消商章勝乗植申身神
真深進世整昔全相送想息速族他打対待代第題
炭短談着注柱丁帳調追定庭笛鉄転都度投豆島
湯登等動童農波配倍箱畑発反坂板皮悲美鼻筆
氷表秒病品負部服福物平返勉放味命面問役薬
由油有遊予羊洋葉陽様落流旅両緑礼列練路和

小学4年生で習った漢字200字

愛案以衣位囲胃印英栄塩億加果貨課芽改械害
街各覚完官管関観願希季紀喜旗器機議求泣救
給挙漁共協鏡競極訓軍郡径型景芸欠結建健験
固功好候航康告差菜最材昨札刷殺察参産散残
士氏史司試児治辞失借種周祝順初松笑唱焼象
照賞臣信成省清静席積折節説浅戦選然争倉巣
束側続卒孫帯隊達単置仲貯兆腸低底停的典伝
徒努灯堂働特得毒熱念敗梅博飯飛費必票標不
夫付府副粉兵別辺変便包法望牧末満未脈民無
約勇要養浴利陸良料量輪類令冷例歴連老労録

小学5年生で習った漢字185字

圧移因永営衛易益液演応往桜恩可仮価河過
賀快解格確額刊幹慣眼基寄規技義逆久旧居
許境均禁句群経潔件券険検限現減故個護効
厚耕鉱構興講混査再災妻採際在財罪雑酸賛
支志枝師資飼示似識質舎謝授修述術準序招
承証条状常情織職制性政勢精製税責績接設
舌絶銭祖素総造像増則測属率損退貸態団断
築張提程適敵統銅導徳独任燃能破犯判版比
肥非備俵評貧布婦富武復複仏編弁保墓報豊
防貿暴務夢迷綿輸余預容略留領

小学6年生で習った漢字181字

異遺域宇映延沿我灰拡革閣割株干巻看簡危
机揮貴疑吸供胸郷勤筋系敬警劇激穴絹権憲
源厳己呼誤后孝皇紅降鋼刻穀骨困砂座済裁
策冊蚕至私姿視詞誌磁射捨尺若樹収宗就衆
従縦縮熟純処署諸除将傷障城蒸針仁垂推寸
盛聖誠宣専泉洗染善奏窓創装層操蔵臓存尊
宅担探誕段暖値宙忠著庁頂潮賃痛展討党糖
届難乳認納脳派拝背肺俳班晩否批秘腹奮並
陛閉片補暮宝訪亡忘棒枚幕密盟模訳郵優幼
欲翌乱卵覧裏律臨朗論

索引

1章と5章で登場した
言葉を掲載してあります。

あとがき

本書は大人のための小学漢字の本です。この本にざっと目を通された方は、次のような感想を持たれたかも知れません。

「小学生のときに習った漢字だと銘打っているが、大人でも簡単に読めない漢字が結構あったような感じがする。本の題名と中身が少し違っているのではないか」

すでにご説明しましたように、本文の中で使用された漢字の一つ一つは、小学校一年生から六年生までに習ったものです。しかし、その一つ一つの漢字を二つないし三つ、場合によっては四つも組み合わせますと、大人でも首を傾げたくなるような難しい言葉が飛び出してきます。

一年生では全部で八〇字の漢字を習います。それを組み合わせてみますと、例えば、

「気力」「森林」「人力車」「口上」「草木」「金糸」「天空」「赤字」

など、大人の使う言葉が大量生産されていきます。これが六年生になりますと、大人の使う日常語はほとんどカバーします。いや、大人が知らない言葉も無限に生み出されるような錯覚に陥るほどです。

でも、一字一字独立した文字は、すべてどこかで見たものばかりです。しかし、よく見ると、その組み合わせの妙によって意外に難しいものが続々誕生していくことに驚かされるでしょう。目にした漢字が、自分の見慣れたものであれば、組み合わせによって生み出された言葉が少々難しいものであっても、心理的には受け入れやすいと思います。

漢字検定試験や漢字学習本には人生で一度も見たことがないお化けのような難解な漢字が時々登場します。例えば、

『鑢（やすり）』
『霙（みぞれ）』
『躑躅（つつじ）』

などです。

ゲーム感覚で記憶するのであれば決して悪いことではありません。しかし、このような超難解な漢字を覚える時間があったら、日常使う言葉を中心にして、時々ちょっと難しい漢字に挑戦するほうが漢字の実用的な学習法かと思います。

小学漢字の組み合わせといっても、生み出される言葉が平易であり過ぎても、挑戦する意欲が失せてしまうのではないかという怖れも正直言ってありました。そこで、いろいろ智恵を絞り、懸命になって「読めそうで読めない漢字」を探し出した次第です。

私はこれまで日本語に関しては、三歳児から七歳児ぐらいを対象にして、ひらがなやカタカナの「いろは」の本とかＡＢＣなど「アルファベット」の本を何十年にもわたって出してきました。仕事柄、幼稚園生や小学一年生までの幼児や子供の世界を注意深く観察してきて、彼らが口にする何気ない言葉の一つ一つに、その都度、魅了されたものです。限られた語彙で表現する幼児や子供たちの想像力の大きさは計り知れないものがあります。

でも、幼児の世界での感動の延長戦上で、大人に漢字の世界を語ることはできません。同じように、小学生の習う小学漢字で、大人に理解してもらうためには確かに智恵とトンチと想像力がいります。その意味では、小学漢字で覚える大人の漢字を演出するのは、結構てこずりました。

読者の皆さんも、小学漢字を使って暇つぶしに、いろいろな大人の漢字を自分なりに生み出してはいかがですか。きっと漢字が面白い存在に変わって行くでしょう。

本書はあくまで小学漢字を使って、「読めそうで読めない漢字」を《演出》しました。次は、「書けそうで書けない漢字」に進むことになるでしょう。

本書の次に求められるのは、おそらく新聞に載っている程度の漢字を完全に自分のものにすることでしょう。つまり読むだけでなく書くことを身につけることだと思います。「まず読み」を、そして次は「書くこと」を念頭におき、でも当分の間は、「漢字の読み」に集中して漢字に挑戦してみて下さい。

ご成功をお祈りします。

守 誠（もり・まこと）

二〇二一年七月

参考資料

『小学校学習指導要領』（文部省告示・財務省印刷局編集発行）
『小学校　学年別　学習漢字1006の読み方・書き方』（藤原宏監修・小学館）
『広辞苑』第五版（新村出編・岩波書店）
『大辞林』第二版（松村明編・三省堂）
『新明解　国語辞典』第六版（山田忠雄他編・三省堂）
『明鏡　国語辞典』初版（北原保雄編・大修館書店）
『新選　国語辞典』第六版（金田一京助・佐伯梅友・大石初太郎・野村雅昭編・小学館）
『大修館　現代漢和辞典』（木村秀次・黒澤弘光編・大修館書店）
『旺文社　標準漢和辞典』（旺文社編・旺文社）
『岩波　四字熟語辞典』（岩波書店辞典編集部編・岩波書店）
『四字熟語・成句辞典』（竹田晃著・講談社）
『明鏡　ことわざ成句使い方辞典』（北原保雄編著・大修館書店）
『新明解　故事ことわざ辞典』（三省堂編修所編・三省堂）
『ベネッセ　表現読解国語辞典』（沖森卓也・中村幸弘編・ベネッセコーポレーション）
『常用字解』（白川静著・平凡社）
『世界大百科事典』（下中弘編・平凡社）
『語源大辞典』（堀井令以知編・東京堂出版）
『暮らしのことば　語源辞典』（山口佳紀編・講談社）
『日本語　大シソーラス』（山口翼編・大修館書店）
『角川　類語新辞典』（大野晋・浜西正人著・角川書店）
『当て字の辞典』（東京堂出版編集部編・東京堂出版）
『何でも読める　難読漢字辞典』（三省堂編修所編・三省堂）
『何でもわかる　漢字の知識百科』（阿辻哲次・一海知義・森博達編・三省堂）
『間違い漢字・勘違いことば診断辞典』（村石昭三監修・創拓社出版）
『表記の手引き』第四版（教育出版編集局編・教育出版）
『新しい常用漢字の書き表し方』（角川書店編・角川書店）
『記者ハンドブック』第五版（共同通信社編・共同通信社）

『朝日新聞の用語の手引』新訂増補（朝日新聞社用語幹事編・朝日新聞社）
『毎日新聞用語集』（毎日新聞社編・毎日新聞社）
『この漢字が読めますか？』（加納喜光著・PHP研究所）
『当て字・難読語』（三省堂編修所編・三省堂）
『言葉に関する問答集　総集編』（文化庁編・財務省印刷局）
『公用文　用字用語の要点』（廣瀬菊雄著・新日本法規）
『パソコンが奪った漢字を取り戻せ―漢字学習ノート―』（守誠著・サンリオ）
『読めそうで読めない間違いやすい漢字』（出口宗和著・二見書房）
『漢字でゼッタイ恥をかかない本』（コンデックス情報研究所著・KKベストセラーズ）
『現代用語の基礎知識　２００９』（自由国民社）
『21世紀暦』（日外アソシエーツ編集部編・日外アソシエーツ）
『中学入試　でる順　ことばの問題３０００［改訂版］』（旺文社編・旺文社）
『中学入試　でる順　漢字３５００［改訂版］』（旺文社編・旺文社）
『国語　ベストチェック』（日能研教務部企画編集・日能研）
『難関中学の国語　これだけやればラクラク合格!!』（小林公夫著・エール出版社）
『ＩＱ　漢字頭脳にチャレンジ』（ＩＱ選定・開発研究会著・青春出版社）
『漢検分野別問題集』準２級・３級・４級（日本漢字教育振興会編・日本漢字能力検定協会）
『和文化　日本の伝統を体感するＱＡ辞典』（中村哲編・明治図書）
『暮らしの歳時記』（講談社編・講談社）
『新日本大歳時記』春・夏・秋・冬・新年（飯田龍太・稲畑汀子・金子兜太・沢木欣一監修・講談社）
『茶の湯のことば』（筒井紘一監修・鈴木皓詞文・淡交社）
『はじめての茶の湯』（大橋宗乃監修・日本文芸社）
『古流のいけばな』（千羽理芳著・講談社）
『すぐわかる　日本の伝統色』（福田邦夫著・東京美術）
『ＤＩＣカラーガイド　日本の伝統色』第５版（大日本インキ化学）

本書は、二〇〇九年六月、株式会社サンリオから刊行された『読めますか？　小学校で習った漢字』を新装版として再刊いたしました。

著者略歴

守　誠（もり　まこと）

1933年横浜生まれ。慶應義塾大学経済学部卒。

総合商社・日綿實業（現在、「双日」）に入社、32年間勤務（そのうち4年間はモスクワ駐在）後、中途退職。愛知学院大学、同大学院（通商政策、知的財産権）などで教鞭をとる。

著書は50冊余り。出版総部数は350万－400万部（海外での出版部数が一部不明のため概算）。なお、『小学校で習ったシリーズ』（サンリオ）はミリオンセラーに。語学以外の分野では、『特許の文明史』（新潮社）、『華麗なる窓際族』（実業之日本社、講談社文庫）、『ユダヤ人とダイヤモンド』（幻冬舎）、『水道　蛇口からの警告』（家の光協会）など。

≪座右の銘≫「隣の席は宝物」　≪趣味≫海外旅行（取材活動を入れて50か国）

2019年まで名古屋市立大学特任教授、名古屋市立大学22世紀研究所・副所長を務める。

新装版　読めますか？　小学校で習った漢字

発　行　日　　2021年7月30日　初版第1刷発行

著　　　者　　守 誠

発　行　者　　久保田榮一
発　行　所　　株式会社 扶桑社
〒105-8070
東京都港区芝浦1-1-1　浜松町ビルディング
電話　03-6368-8870（編集）
　　　03-6368-8891（郵便室）
www.fusosha.co.jp

印刷・製本　　図書印刷株式会社

Printed in Japan

ISBN978-4-594-08920-7

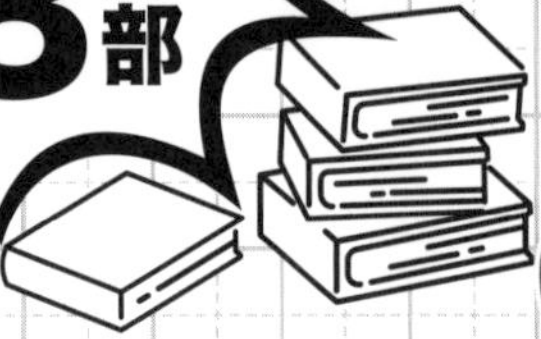

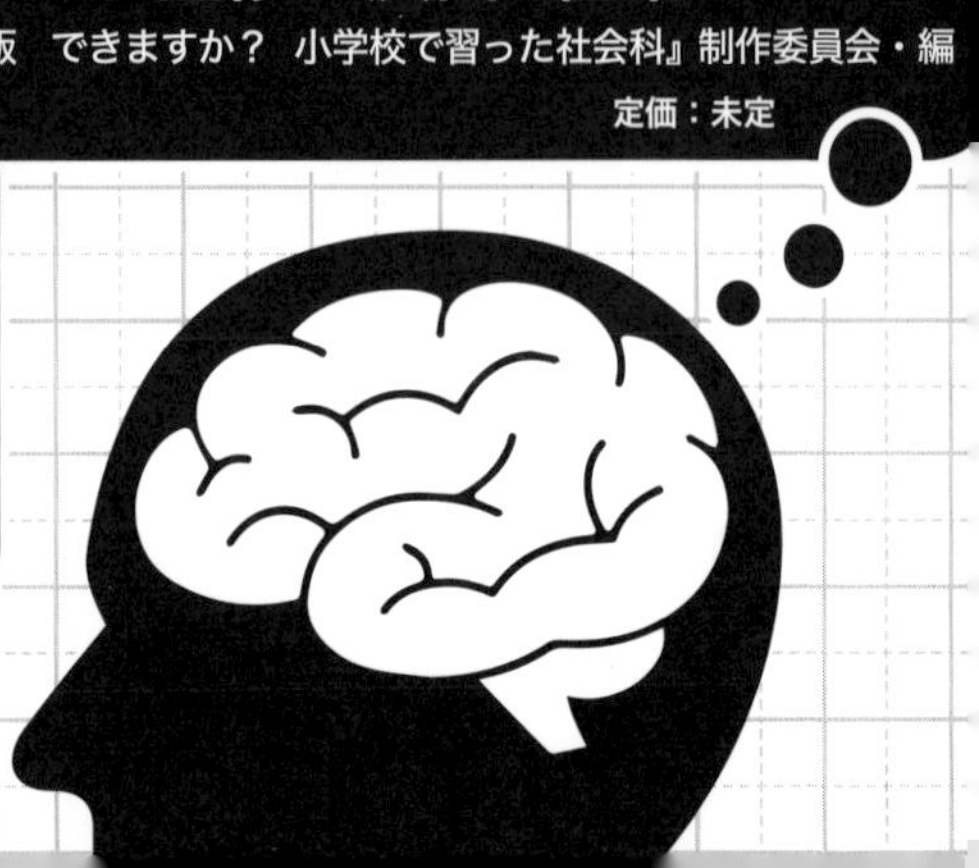

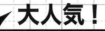